福爾摩沙時尚圖鑑

台灣服飾誌——著
阿毛子——繪

目錄

CHAPTER 3

清領前期

1683 — 1874

浮誇奢靡的移民浪潮

CHAPTER 4

清領後期

1874 — 1895

開港通商與仕紳並起

CHAPTER 5

日治前期 1895－1915

什麼都混一點的年代

CHAPTER 6

日治中期 1915－1937

西化逐漸完成的年代

CHAPTER 7

日治晚期 1937—1945

戰爭襲來，大東亞共榮的皇民化時代

序

「所以台灣人古時候穿什麼啊？」「不知道欸，應該是誰統治就穿什麼吧？」想像起過去的台灣是什麼樣貌時，人們腦海中會出現的，可能有街道、建築、風景……當然，還有人。

而當時人們身上穿的是什麼樣的衣服，便是屬於台灣歷史記憶中，密不可分的一環。但當我們問起身旁的朋友，過去的台灣居民穿什麼服飾時，大多人都是面面相覷，這也是我們創辦「台灣服飾誌」的原因。從粉專到書籍，我們希望能透過服裝的描繪，讓更多人知道台灣人民四百年來的面貌。

從一六二四年的荷西時期開始，到一九四五年日本自台撤退，我們以流傳文物、圖像資料為主，對應當時的服裝文獻，比對、拼湊出最符合當時年代的衣著。盡可能含括每一種性別、階層。然而即使如此，人們的穿著會因為經濟程度、族群與地域的不同而有差異，因此我們介紹的服裝，雖然是當年代常見的穿著，抑或該年代最有特色的部分，但並不能代表「所有台灣人／男性／女性」在當時都這麼穿。

而我們也有許多不及的地方，例如原住民族群由於族群眾多，各族與部落間習俗各異，不管是將其放進歷史的時間軸中，或單獨成立一欄位，不只得去梳理各族群、部落之間的差異，資料也會有許多未盡之處，這都可能對原住民族群造成嚴重冒犯。因此思量再三，這本書仍是以漢人族群的服裝為主，未來若有機會，盼能再進行更深層的闡述。

希望能夠透過這本書裡的圖文，讓更多人拼湊出屬於台灣的歷史面貌，也為創作者們提供參考素材，與更多的想像。

MATZOU.

在《第二、三次荷蘭使節出使大清帝國》中關於台灣的敘述篇章中，刊載了這張〈彌樂佛廟與媽祖廟〉。圖中的媽祖異常宏大，頭頂左右兩側各有一隻長著翅膀、西方形象的龍，底下左右兩側還有類似精靈的守護神，可以看出西方人對於東方宗教的認知與想像。（國立臺灣歷史博物館提供）

CHAPTER 1

1624—1662

荷西時期

國際競爭的大航海時代

一六二四年，荷蘭人在台灣開始了三十八年的統治，也建立了台灣第一個外來政權。這也是台灣被帶入國際舞台的第一幕，東印度公司將台灣設為南洋、中國與日本的貿易轉運站。

在那個尚未過度開墾的年代，台灣大部分的人口以原住民為主，其他還有荷蘭與西班牙的統治者，與少數的漢人移民。因此這系列的圖，除了漢人以外，我們選擇了當時荷蘭在台灣的最高統領「福爾摩沙長官」、西班牙傳教士與其他外國女眷來繪製服裝。

在歐洲人的服裝上，我們參考收藏於荷蘭國家博物館（Rijksmuseam）的圖像版畫，包含描述東印度公司在台灣的報紙版畫，與同時代荷蘭本地的畫作，並參照西洋服裝史，比對出最有可能的歷史服裝。

而漢人的紀錄我們則是參考了十七世紀荷蘭醫生與作家達佰（Olfert Dapper, 1639-1689）的著作《第二、三次荷蘭使節出使大清帝國》。該書共分為三篇，第一篇是兩位東印度公司使節在中國的旅行記，第二篇是關於第三次出使的紀錄，第三篇則是中國地理、物產、人文記事。

我們參考的圖像就是出自該書，裡面有關於當時台灣及原住民之描述，並附有五張相關版畫。其中一張描繪台灣島上漢人家庭用餐圖，是目前距離荷西時期最近的漢人圖像版畫，目前收藏在國立臺灣歷史博物館裡，圖片清晰且與當時服裝史紀錄可互相對應，具有一定參考價值。

福爾摩沙長官

穿著騎士裝的最高統領，

但還是東印度公司的小勞工

襯領

由西班牙式「拉夫領」演變而來，新教荷蘭風則改用襯領、蕾絲、皮革來裝飾服飾。

袖口襯飾

荷蘭風服裝特色，富貴人家或女性常使用蕾絲裝飾袖口。

燈籠褲

荷蘭風騎士裝的褲子相較西班牙風填滿棉花的燈籠褲來得更寬鬆、節省布料，也較長至膝蓋。

皮鞋

鞋子大多穿著靴或皮鞋，有時用蝴蝶結裝飾。

灰綠長襪

長襪除了黑色還有灰綠色，在膝上用吊襪帶或緞帶紮起。

擺脫了西班牙奢靡的荷蘭風：「騎士服裝」、「襯領」與「燈籠褲」

「荷蘭」是十七世紀時成立的新興國家，大多數人民由新教教徒與英國移民的清教徒組成。而在荷蘭統治台灣期間，歐洲正好面臨服裝文化的大轉變，從哥德式時期的「西班牙風」，進入到巴洛克時期的「荷蘭風」。

一五五〇至一六二〇年流行的「西班牙風」，是受到天主教信仰的影響，人們為了在服裝中表達出禁慾、威嚴的氣質，往往會在肩膀、肚子、褲管處塞進棉花或布料等，讓它蓬鼓起來，因此也被稱為「填充式」（bom bast style）年代。

像是羊腿袖、裙撐（farthingale），或是車輪狀的「襞襟」（Ruff），都是當時的產物，像後頁的傭兵（Landsknechte）軍裝圖像，就可看出填充式的特徵。

然而，此時的歐洲也面臨「新教」與「舊教」之爭。「新教」，是指相對於天主教（舊教）的基督新教。相對於在服裝中表現出威嚴與神聖的天主教徒們，新教徒更崇尚儉樸，並認為努力工作可以榮耀上帝。而隨著基督新教在歐洲逐漸取得地位，儉樸、努力的價值觀，也間接帶領服裝風格的轉換，「荷蘭風」的服裝，隨著新教的流行也成為潮流之一。

這個年代的新舊東印度誌「濱田彌兵衛」事件插畫中，同樣是士兵服裝，但服裝已經沒有大量填充物的設計。

而荷蘭風服裝中，最廣為人知的就是「騎士服裝」了，甚至被認為是現代服裝的雛形。「騎士裝」是在歐洲三十年戰爭

01

與八十年戰爭（又稱「荷蘭獨立戰爭」）裡逐漸流行的裝束，一改過去西班牙式奢靡風的裝飾，騎士裝捨去為了填充而被大量浪費的布料，轉而用蕾絲、皮革、襯領來裝飾服裝。

像是脖頸間的「襯領」，就是從西班牙風格的「拉夫領」（Ruff，又譯「襞襟」）改良而來。因為車輪狀、立體的拉夫領在製作時，需要大量的布料與澱粉塑形，不符合清教徒們崇尚儉樸的價值，因此轉而使用大片平面的襯領，配合些許的蕾絲，作為裝飾。

而西班牙風格中的「馬甲」（Corset）也逐漸捨去，人們的衣服轉為寬鬆，可以說是當代服裝的雛形。

02

01 十五世紀晚期到十六世紀歐洲的國土傭兵畫像，圖中可看出西班牙風格的填充式。（Landsknechte, etching by Daniel Hopfer, c. 1530）

02 新舊東印度誌的「濱田彌兵衛」事件插畫。可以看見畫中人物的荷蘭風服裝較合身寬鬆。（國立臺灣歷史博物館提供）

然而服裝的演變，並非一朝一夕就可達成，西班牙風格的改變時間尚短，騎士裝下半身的「燈籠褲」，仍可以看見填充型影子。

相比西班牙風格的燈籠褲，騎士裝的褲子更長，但減少了布料的使用。通常荷蘭風的燈籠褲長至膝蓋，在膝上用吊襪帶或緞帶紮起，加上灰綠色或白色的長襪，搭配皮鞋，有時皮鞋也有緞帶或是蝴蝶結作為裝飾。

在與天主舊教衝突的情況下，擴張殖民地也成了資源競爭的目標之一。台灣就是在那個時代各國爭奪的殖民地之一。許多傳教士、官員來到台灣，帶來了新教國家的服飾文化。因此「騎士裝」也是大部分台灣版畫中可見荷蘭人穿著的服飾。

01

02

01 如圖中的騎士裝，可看見大片襯領。（〈德爾福特市長和他的女兒〉，1655年，揚．斯特恩，現藏於荷蘭國家博物館）

02 襯領的原型是車輪狀的「拉夫領」，更為耗費布料，如圖中右方女子的領子。（〈婚禮即景〉，1622年，弗蘭斯．哈爾斯）

最高統轄「福爾摩沙長官」，卻只是東印度公司的小勞工

荷蘭在一六二四年時占領台南一帶，雖然台灣是在荷蘭的統轄之下，但更確切來說是荷蘭「東印度公司」的轉運站，因此來台的荷蘭官員多隸屬於東印度公司，最高的行政長官稱作「Gouverneur van Formosa」，可以直譯成「福爾摩沙長官」。

其中名氣數一數二的就是「揆一」（Freaderick Coyett）了，他是荷蘭在台灣最後一任的最高長官，也是當時鄭成功攻台，與他對抗並談和的人。

揆一在鄭軍攻打台灣之前，就曾多次請求東印度公司總部增兵協助，然而東印度公司認為鄭軍的進犯只是空穴來風。最後鄭軍率萬人攻打台灣，但荷蘭的駐軍只有一千多人，在兵力懸殊下，荷蘭戰敗。

之後揆一回到雅加達的東印度公司接受軍事審判，總公司以「失去公司重要財產」之罪，判處他流放班達群島。十二年後，揆一的子女才將揆一贖出，在威廉三世的特赦下回到荷蘭阿姆斯特丹直到逝世。

揆一後半生都在為被當作替罪羔羊而耿耿於懷，曾寫下一書《被遺誤的台灣》，詳細地描述了鄭成功攻台的始末，也在書中多次提及向總公司求援而被忽視的事。

而值得一提的是，在二〇〇六年時，揆一的第十四代子孫曾經訪台，並到安平祭祀鄭成功感念三百年前不殺先祖之恩。

或許抽離了歷史的角度來看，「福爾摩沙長官」雖然名為荷蘭在台灣的最高統轄，但也只是一名被大公司壓榨的可憐勞工吧。

台灣男性漢人

布衣短褐的

移民、海寇與權謀家

髮髻

把頭髮放下的「披髮」，在儒家思想中指的是未開化的民族，因此漢人大多有紮髮髻的習慣。

右衽

通常受到儒家文化影響的漢人，會將前襟置於上層向右掩，稱為「右衽」。

短刀

男多女少的移民社會治安紊亂，因此人民大多隨身帶刀防身。

衣帶

防止勞動時衣襟敞開影響工作，許多台灣勞動人口服裝都有此一特徵。

草鞋

勞動者常穿便宜耐磨的草鞋，或是赤腳工作。

「束髮」、「短褐」、「短刀」，我的老婆是買來的

歷史課本中荷西時期的章節，漢人往往是從「郭懷一事件」後才正式出場。事實上，在荷蘭人意圖占領澎湖，與明朝政府周旋之中，到中國東南沿海與官員商談，最後落腳台灣，漢人海商都扮演了重要的角色。

漢人海商，是指在中國東南沿海、東南亞、日本等地跨海貿易的商人，然而除了商業以外，也往往涉及走私，甚至參和軍政，可以說是某種程度上的海盜。

而除了這些行走於黑白兩道間的海商以外，當時台灣還有另外一群漢人，他們因為饑荒與戰亂，從中國東南沿海移民到台灣。這些人大多從事勞務，也是歷史資料中被輕輕帶過的一筆。

《墨子・魯問》：「短褐之衣，黎藿之羹。」

「短褐」，指的是貧賤者穿的粗布簡陋衣服，後來被指為平民日常服裝，也是當時在台漢人們主要的服裝。

荷西時期漢人男性移民服裝，與在明朝中後期的男裝相對應。在領口處，主要是用衣服前襟左右交疊的「交領」，而通常受到儒家文化影響的漢人，會將前襟置於上層向右掩，稱為「右衽」。

除此之外，漢人也大多有束髮、紮髮髻的習慣，即便到了台灣，大部分的漢人移民也仍舊是如此。

《論語・憲問》中有句話：「微管仲！吾其被髮左衽矣！」

而「被髮左衽」字面上意義指的是「披散著頭髮（不冠髮）」、「穿衣時將前襟向

左掩」，但其中更深的文化意涵是暗指「未開化的民族」，因此漢人通常不會做這樣的打扮。

但在《第二、三次荷蘭東印度公司使節出使大清帝國》的版畫中，可以看見男性胸口開襟被畫為左衽，違反一般認知中儒家主張的「右衽冠髮」。

小童穿著即為「短褐」。明，陸治畫〈丹林翠嶂〉。（現藏於國立故宮博物院）

有一說認為「右衽」為儒家主張，然而當時中國地廣人多，並非各地區皆會遵守，況且台灣離當時中央政權所在位置甚遠，可能更容易產生差異。但考慮到可能是版畫左右顛倒的影響，或是來自歐洲的繪圖者筆誤，因此在這裡仍是以「右衽」為主。

據國家文化資料庫中《第二、三次荷蘭東印度公司使節出使大清帝國》石文誠老師的翻譯註解，當時台灣就如同清領初期的「羅漢腳」現象一樣，是個男多女少的社會，許多海盜便從中國東南沿海擄掠女子來台販賣。

因此在版畫中，過去總被解讀為男耕女織、和樂融融的景象，但實際上當時男人刀不離身，也不與女子同桌吃飯。

既然文獻紀錄裡「刀不離身」，那佩帶短刀更是不可少的，但除了短刀外，在同張版畫裡，也有手拿耕具的漢人男性，可見當時漢人不只忙於農耕，更要隨時警惕當時治安紊亂的台灣社會。

　原圖中所繪是穿著黑色靴子，但我們改成了草鞋，以符合勞動人口的穿著打扮，但因與原圖有所差異所以特別註記。

記述十七世紀漢人在台生活的版畫，圖中男子卻是左衽。（《第二、三次荷蘭東印度公司使節出使大清帝國》。翻攝於國立臺灣歷史博物館）

飄揚過海來台灣

當年漢人多為中國東南沿岸偷渡來台，只是為了尋找一塊更好的耕地，後來卻在這落地生根，成為荷西時期族群的一部分。

在瓦楞丁（Fransois Valentyn）的《新舊東印度誌》裡，詳細記錄了每一任福爾摩沙長官在福建漳州沿海與台灣一帶的征討紀錄，而從一六二二年荷蘭人與中國東南沿海官員周旋談判中，一直可以見到漢人平民的影子。當荷蘭人開始建造熱蘭遮城時，在安平一帶已經形成了有兩萬多名漢人的殖民區。

大部分來到台灣的漢人從事貿易或農業，除了生產蔗糖與稻米以外，也協助建築城堡，或被任命為「社商」，協助東印度公司向原住民徵收貢物或進行商品交易等。

這些漢人平民有些是農人，有些是地方上有學識的「隱士」，甚至是遊走於黑白兩道之間的海盜商人。許多人除了日常耕作以外，也私下從事走私貿易，成為紊亂的大航海時代裡，不引人注目，卻又握有各方消息的「海商」。

之後荷蘭人的稅務管制，明鄭時期的政權更迭，最後清國將台灣收入國土，有些人則被遣回中國，從頭來過。即使刀不離身、逞兇鬥狠，有時也鬥不過天機捉弄。

但即便如此，不管是反抗荷蘭人統治的郭懷一，抑或周旋於鄭成功與荷蘭之間的何斌，當時的台灣移民仍舊是用著一把短刀，幾分權謀，努力想換取更好的生活環境。

於是這些隱沒在大時代的硬頸與掙扎，構成了台灣歷史的一部分。

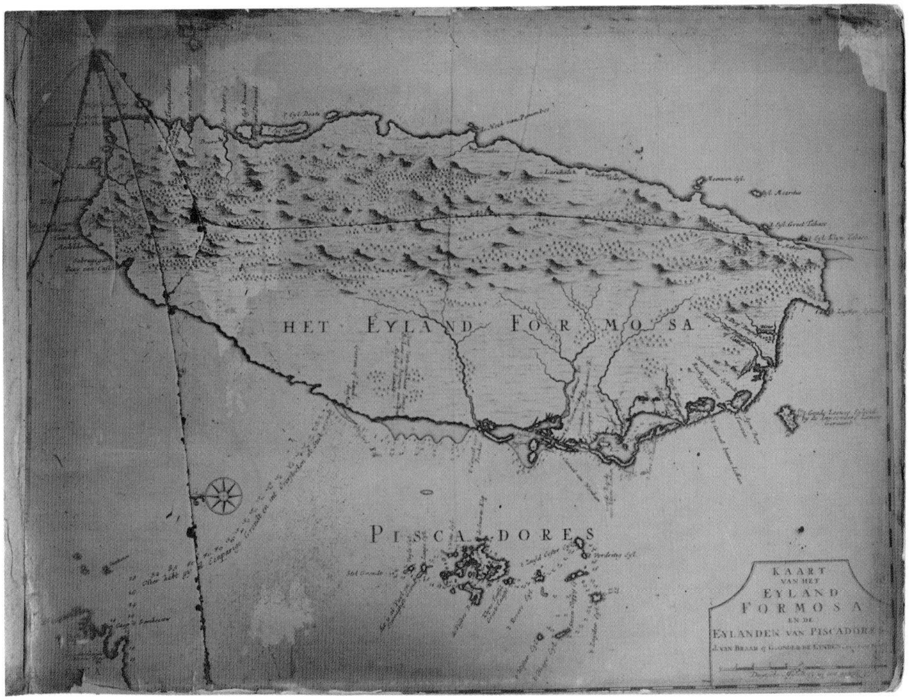

荷蘭改革宗牧師瓦楞丁編著之《新舊東印度誌》中收錄了這張〈福爾摩沙與澎湖群島圖〉，描繪台灣大員直到高屏沿岸、澎湖群島、北部淡水至基隆沿岸與宜蘭平原，雖仍有些地方模糊，但已大致可看出台灣的樣貌。（國立臺灣歷史博物館提供）

歐洲女性

榮耀主耶穌的婚姻，

四海為家的妻子

兜帽

信仰基督新教的女性必備的裝扮，十七世紀中期時，皇宮貴族，到平民勞工都會佩戴兜帽。

襯領

荷蘭風女裝擺脫了西班牙風格的填充式領子，發展出了大襯領作為裝飾。

袖口襯飾

荷蘭風服裝特色，在袖口用布或蕾絲裝飾。

灰藍洋裝

倡導基督新教儉樸的價值觀，多使用便宜的灰黑暗藍的布料，也不使用馬甲，服裝轉為寬鬆。

圍裙

一開始是工人階級專屬的服裝，而新教倡導儉樸價值，也讓勞動女性的圍裙成為十七世紀的婦女時尚。

崇尚儉樸的新教洋裝，圍裙、襯領與兜帽

荷蘭人在台灣的殖民，基本上都圍繞著「信仰」二字，包含服裝，包含婚姻。

基督新教一般不與異教徒通婚，因此許多來台的東印度公司員工會攜眷同行，或是在東南亞、印度等地與已受洗的外國女子結婚。當時在台灣的歐洲女性，大多打扮仍是遵從基督新教的教義，盡量以儉樸、單調的裝飾為主。

其中，最有特色的就是兜帽、大襯領和圍裙了。

「兜帽」（Coifs），可以說是當時信仰基督新教的女性必備的裝扮。它是一種覆蓋頭頂、背面與耳側的帽子，通常用棉布或亞麻布製成。

一開始在十世紀時，男性女性都會佩戴兜帽，但大約十四世紀時，男性已經不再佩戴了，它轉而成為女性的流行。而到十七世紀中期時，上至皇宮貴族，下至平民勞工，女性都會佩戴兜帽，差別則在於裝飾的程度。

後頁圖一是荷蘭人所畫鄭軍攻打福爾摩沙時的版畫，可以看出逃亡的女性，頭上都戴著兜帽。而除了兜帽以外，引人注意的還有那寬大的領子。

後頁圖二則是同一時期的荷蘭版畫，和上張圖的女性穿的是同一種服飾，與荷蘭男性官員一樣，女性的服裝也擺脫了西班牙風格的填充式領子，以荷蘭風發展出了「襯領」作為裝飾。貴族大多會在領子使用蕾絲裝飾，但新教徒更以節儉為榮，所以通常以布為主。

荷蘭人所畫鄭軍攻打福爾摩沙時的版畫，描寫逃亡的婦女（圖一）。（現藏於荷蘭國家博物館）

荷蘭風服飾是近代服飾的原型，它們捨棄了太過繁複沉重的裝飾，以實用與輕便為主，所以顏色大多為灰黑或暗紫色。袖子也是女性服飾裝飾的重點，雖然無法如同貴族或中產階級使用蕾絲裝飾，但仍保留了袖口的襯飾與反摺的特色。

新教女性的服裝，不可忽略的，還有腰下至腳踝處的圍裙（Apron）。

圖三是較早期的畫作，主要的背景是妓院，但仍可以看出「圍裙」這個重要配件。

圍裙一開始是工人階級專屬的服裝，中產階級與貴族對它不屑一顧，直到英國頒布法令，規定婦女和女孩應「穿著得當」。而得當的標準，自然也跟基督新教的理念相關，於是原先屬於勞動者的圍裙，也成了象徵「勤勉」、「節儉」的流行配件，成為十七世紀中期歐洲的婦女時尚。

同年代荷蘭版畫中婦女的服裝，有更清楚的正面與細節（圖二）。（現藏於荷蘭國家博物館）

圖中描述背景是妓院，但可看見圍裙這個重要配件（圖三）。（現藏於荷蘭國家博物館）

金髮碧眼的台灣人

「女性」，一直以來是歷史上較少被提及的一塊，男人的殺戮掠奪，似乎才是這塊島嶼的重頭戲，一如荷西時期荷蘭人在台灣的統治，總是比較少提及跟著東印度公司來台的眷屬，甚至可能不會覺得當年台灣存在著歐洲女性。

那麼當時台灣有多少外國女性呢？在一六六一年鄭成功包圍熱蘭遮城時，城中約有二百一十八名東印度公司的員工眷屬，令人意外的是，其中不乏出生於印度與東南亞的子女。

這些女性中占最多數的，並非跟著荷蘭人一起到來台灣的歐洲女性，而是在台灣落地生根後的第二代。

這些女性金髮碧眼，身著洋裝，但卻是土生土長的台灣人。雖然生活在熱蘭遮城中，延續著原來母國的血統，經歷著大航海時代的多元文化，但直到鄭成功占領熱蘭遮城以前，也許她們從來沒有想像過有一天會離開。

根據資料記載，後來許多歐洲女性在經歷政權轉移後，逃到了長崎。她們回到那未曾謀面的故鄉了嗎？還是成為某個日本人髮梢中的一縷金黃？

然而，這些我們都不得而知，她們是在大時代中，被埋藏在層層史料中的聲音。

道明會傳教士

跋山涉水傳福音，

荊棘王冠與僧袍

剃髮

表示自願成為天主之徒。

斗篷

道明會又稱「黑衣修士」，由斗篷與披肩的顏色而來。黑色斗篷分為三個部分：頭上的風帽、肩上的披肩，與垂至小腿的披風。

綁繩

道明會傳教士們的腰間會繫上一條綁繩，稱為Cincture。右端有三個結，代表：「貧窮」、「貞潔」和「順從」；左端則有著念珠與十字架來祈禱與反思基督生命的奧秘。

風帽、披肩

現代道明會傳教士的照片時常只佩戴風帽與披肩，而長至小腿的披風則在十七世紀的畫作中較常看到。

白色僧袍

黑色與白色為當時最便宜的布料，象徵「神貧」。這也象徵著道明會傳教士的理念：神貧（貧窮）、樸素、和人民結合在一起。

黑衣修士與白僧袍，舊教的殖民地對抗

西班牙人在一五七〇年占領呂宋（菲律賓）後，便一直想要占領北台灣，不只可以擴大貿易版圖以外，台灣的地理位置可以保護呂宋的據點，於是一六二六年時，西班牙便以保護中國與呂宋的商業為名，占領了台灣北部。

而除了政治以及經濟因素的考量，台灣的位置也非常方便前往中國與日本傳教，背後除了信仰的力量加持以外，還有歐洲的宗教角力。

十六世紀時，基督新教逐漸在歐洲流行，這也意味著天主舊教勢力被壓縮，而信仰天主教的西班牙政權也受到了衝擊，因此往海外擴充殖民地，便成了必要的競爭。

不同於現代台灣的天主教會是「耶穌會」為主，當時台灣的西班牙傳教士大多出自「道明會」（Dominican Order）。道明會由聖道明（San Domingo）創立，強調聖母瑪利亞親授的《玫瑰經》，是天主教托缽修會的主要派別之一。

由於台灣留下的版畫，較少繪製西班牙傳教士，所以我們參考了道明會在中國、中南美洲傳教的圖像，與現代天主教會的資料。

十七世紀的道明會傳教士，又被稱為「黑衣修士」，與其他同為天主舊教的方濟會「灰衣修士」，與聖衣會的「白衣修士」做出區別。而「黑衣修士」，顧名思義便是來自他們的黑色斗篷了。

黑色斗篷分為三個部分：頭上的風帽、肩上的披肩，與垂至小腿的披風，現代道明

會傳教士的照片時常只佩戴風帽與披肩，而披風則在十七世紀的畫作中較常看到。

道明會傳教士除了黑色斗篷外，還會穿著純白色的僧袍，因為黑布和白布在當時是最便宜的布料，這也象徵著道明會傳教士的理念：神貧（貧窮）、樸素、和人民結合在一起。

當然，引人注目的還有他們的髮型，天主教修士們通常會把頭頂中的頭髮剃掉（Tonsure），留下外面的一圈，來表示虔誠與放棄世俗的生活。

除此之外，道明會傳教士們的腰間會繫上一條綁繩，稱為「Cincture」。Cincture的右端有三個結，代表：「貧窮」、「貞潔」和「順從」，可以時刻提醒傳教士的誓言；左端則有著念珠與十字架，修士們可以用它來祈禱與反思基督生命的奧秘。

大部分的傳教士畫作中，修士們都會穿著類似皮革製的涼鞋，我們也在畫作中保留此一特色。

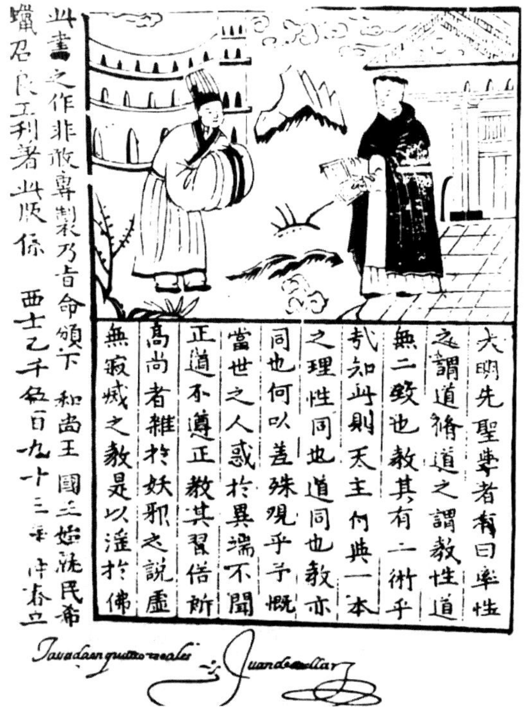

01

02

傳教與衝突

傳播福音是每個傳教士的志業，但是在當年的北台灣傳教，卻是一件會喪失性命的事。當時原住民部落與傳教士們的關係，更像是一種互利共榮，在能夠保衛部落不受侵略的情況下，才肯接受傳教。

因此西班牙的傳教士們，通常會先以西洋醫學為接近原住民的方式，為他們治療天花或瘧疾，才逐步建立教堂，傳播福音、最後才建立聖母像供信奉者參拜。

然而想要保護部落的原住民，與想要傳播福音傳教士們終究會有衝突，只要傳教士想要前往敵對部落，原來的住民就會產生不信任，而傳教成果也不復存在，甚至有不少神父因此被殺。

生命的消逝讓人惋惜，但對於原來的居民而言，從未知地方到來的西班牙政權也何嘗不是一種侵略呢？背景與立場各個不同的族群，要在同塊土地上取得信任與共識，或許是每個時代都需要面對的問題吧。

01 《辯正教真傳實錄》中出現的道明會傳教士插圖，1607年。

02 1437年的聖道明畫像，也是穿著道明會的黑色斗篷與白色長袍。

漢人女性

布裙衣衫省打扮，

大航海時代下的交易與失聲

裹巾子

披散頭髮在漢族觀念中代表蠻夷，因此女性通常會讓頭髮不落下而梳髮髻，平凡人家則簡便地包裹布巾。

中衣

指內裡的衣服，與漢人男性一樣，會用「右衽」來交疊，又因為袖子較為寬大的緣故，舉手行動時，袖口也會露出裡部的中衣。

布帶

大多勞動者的畫像都有腰間的布帶，防止衣服滑落便於勞作，有時內製成空心也可作為口袋使用。

圓領衫

「圓領衫」是明朝中期時漢人服裝常見的一種形制，但服裝大致的特徵在領口部分是圓領，袖子則受明中後期流行影響，較為寬大。

草鞋

貧困人家也可能打赤腳，但女性足部過往被認為是私密部位，因此大多會穿著鞋履。

布裙

勞動階級的簡便下襬，也稱「單裙」，由單片布圍繞在腰間而成，裡面還會再穿開襠褲或布褲防止走光。

史書上消失的漢人女性，布衣衫裙與人口販子

大航海時代的漢人女性，可以說是當時台灣族群中最少的存在了。在找尋資料時，也只有《第二、三次荷蘭東印度公司使節出使大清帝國》的一幅版畫有出現她們的身影（見後頁）。

這張版畫是一張描繪他們居家的生活畫面，在沒有相關文字解說時，總被人認為是描述男耕女織其樂融融的景況，然而經過翻譯後，與原來想像有所落差。

據書中描述，當時台灣漢人以男性為主，女性稀少，因此許多海盜便從中國東南沿海擄掠女子來台販賣。在居家景況裡，男女地位也是極不平等，女性甚至不能與男性同桌吃飯。

版畫中，左上的女性似乎在使用織布或紡紗的機器，而正中間的女性懷中抱著一名小孩與男子說話，也因此受限於環境，女性的服裝大致也沒有過多的裝飾，儼然一派勞動人口的模樣。

由於是民間穿著，台灣又遠在邊疆，因此與《大明會典》中「禮部」卷記載的服裝規範沒有太多相似之處，然而此時的服裝與明朝中後期的漢人平民女性服裝，可大致對應，像是版畫中左上角女性服飾：

從圖中可見上衣領口是圓形的「圓領」，「圓領衫」是明朝中期時漢人服裝常見的一種形制，但服裝大致的特徵在領口部分是圓領，袖子則受明中後期流行影響，較為寬大。

而領口部分會露出穿在內裡的衣服，又稱為「中衣」，中衣與漢人男性一樣，會用

《第二、三次荷蘭東印度公司使節出使大清帝國》的版畫中，左上與正中是台灣十七世紀少見的女子畫像。（翻攝於國立臺灣歷史博物館）

「右衽」來交疊，又因為袖子較為寬大的緣故，行動時袖口偶爾會露出裡部的中衣。

漢人女性下襬則是腰部會束布帶，以防衣服敞開或掉落，也有人是直接將上衣紮進裙裡，或是圍上圍裙。下身則會穿著單層的布裙，節省布料的同時，也便於勞作。

當然台灣的漢人女性也如男性一般，多少受到了儒家文化的影響，一般不會披散著頭髮，而勞動階級也沒有太多時間與精力梳精美的髮髻，因此只是用布巾把頭髮包起，盤在頭上，又稱為「裹巾子」，是明朝中期民間婦女常有的打扮。

鞋子的部分，荷西時期在台灣的漢人女性，雖然受限於勞動需要，較少裹小腳的情況，但也不會露出腳趾或是腳背等其他的部位，因此通常還是穿著包覆全腳的鞋子為主。

同一張圖中，正中間的女子著「交領短衫」（短褐）與布裙，這件衣服相較於左上角女子，更與漢人男性穿著類似，也是無論男女，最常被勞動階級的平民穿著的服裝。

隱沒在時代裡的女孩

一般的教科書裡大多描述，在缺乏女性人口的年代，「羅漢腳」多和平埔族女性通婚。但往往忘記了在海盜猖獗、黑市貿易頻繁的年代，人口販賣也是一個帶來女性的可能。

那些女孩飄洋過海來到這個遙遠的小島，也許有些成了大家族的一支血緣，也許有些就這麼消逝在異鄉。但不管如何，她們都難以在史書上留下記載，彷彿除了這幅版畫，沒有人記得她們的存在。

在這個年代裡，人口買賣仍然時常發生在許多角落嗎？如果可以，希望世界上這樣的事情能越來越少，也希望透過重視她們的穿著樣貌，讓人們記得這些沒有名字的女孩。

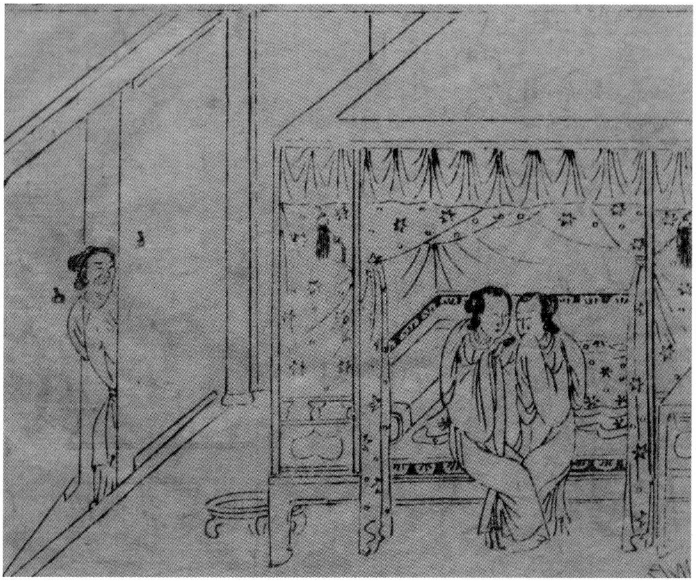

馮夢龍《醒世恆言》書中插畫，女子便是穿著有圓領特徵的服裝。

CHAPTER 2

1662－1683

明鄭時期

反清復明的東寧小島

明鄭時期指的是在一六六二至一六八三年間，延平王鄭成功於南台灣所建立政權的統治時期。

清朝入主中原後，一部分的明朝王室組成了「南明」，以鄭氏家族為首，將台灣作為反清復明基地。這也是台灣面對的第一個漢人政權，「福爾摩沙」被鄭成功改名為「東都」，又在他兒子鄭經的時代被改名為「東寧」，「承天府」取代了「熱蘭遮城」，而原來充滿外國人的城鎮，則出現了南明王室的王府官邸。這個邊疆之外的小島，承擔著來自海峽外的復國大業。

這個時期的台灣，除了軍人與部隊以外，也多了許多不同於原來墾殖社會的人文風景，陳永華建立的第一座孔廟、寧靖王的王府，儒家的氣息與大明皇族的遺脈，一起來到了這片土地上。

因此在明鄭時期，儒家仕人的穿著、延平郡王的補服、五妃們的長衫披風等屬於明朝皇族的服裝禮制，也成為了台灣歷史服裝的一部分。我們除了介紹鄭家軍隊的盔甲，也結合當時的畫作與《大明會典》禮卷的記載，參考當時中國各式容像（肖像）作品，盡可能還原出當時的服裝。

在軍隊方面，我們則參考當時與鄭家軍交戰的荷蘭政權紀錄，參考甲冑的資料，而其中比較可惜的是，明鄭時期的畫作較其他時期而言更少，而除了歐洲人在描繪東方社會有的誤差外，鄭成功的畫作也常因為後人的神話描繪，而有了許多偏誤。

台灣因為天氣濕熱，服裝文物較難保存，圖片與文字時常會因為描繪者的身分不同，產生一定程度與事實的落差。像是許多明鄭時期關於鄭成功與他的軍隊描述都是如此。

然而即使這樣，這些來自異國或百姓的紀錄，卻仍為當時的台灣留下了珍貴的資料，因此我們會試著用多方的圖片與文字描述，比對當時服裝文獻裡最符合的資料，試著拼湊出最有可能的歷史穿著。也許未來隨著更多的研究資料出土，而逐漸推翻我們的猜測，但在這之前，我們希望能透過這本書的描繪，建立一個四百年前的東寧王國形象。

延平郡王

海外的南明遺脈，

翼善冠與衮龍袍（常服）

烏紗翼善冠

延平王頭上戴的冠帽為「烏紗翼善冠」，因烏纱覆之，折角向上因名「翼善冠」。皇帝大多是在冠上裝飾「雙龍戲珠」，而郡王或親王鮮少使用裝飾。

盤領

綠色衮龍袍的圓領處又稱盤領，內穿背心式的褡護，搭上白色的護領，

補子

鑲在衣袍上的刺繡圖樣，代表位階。

衮龍袍

由於諸王（郡王、親王）的常服大致和皇帝一樣，因此這種團龍補服又被稱為「衮龍袍」。受明末風氣影響，較為寬大，衣襬也至腳踝。

皂靴

黑色的尖頭靴子。「皂」色即為「黑色」。

「終身遵奉正朔」，盤領一翼善冠與金織蟠龍

「延平郡王」在台灣通常是指鄭成功。但事實上「延平郡王」是一個郡王的位階，也就是不管是鄭經、鄭克塽，他們都是「延平郡王」。鄭家雖然不是明朝皇室的「朱」姓，但因為鄭成功曾經被賜予國姓，也因此被稱為「國姓爺」，所以鄭氏一家也因此擁有明朝皇室的身分。

鄭成功流傳最廣的形象，就是目前收藏於國立臺灣博物館的〈鄭成功畫像〉國寶了（見後頁）。

然而這幾年隨著文物資產的研究，這幅畫像也被指出有許多不符合時代的地方，像是根據盧泰康老師《文化資產中的古物研究與鑑定——台南瑰寶大揭密》就指出幾點：畫像中青綠金繡龍紋袍服，下襬處的雲紋繡製較為接近清代袍服，因為明代的袍服大部分是由錦緞直接裁製而成；而頂戴的紅色圓球，鮮少在明代冠帽文物中出現，則更類似清代民間戲曲漢唐人物的形象等。

但即使如此，這幅〈鄭成功畫像〉仍是我們找到最接近明朝皇室的「常服」之一。

當時的「常服」與現在定義不一樣，並不是指「平常穿的衣服」，而是「常朝視事」（可以想像是「上班」）時穿著的衣服，平常穿的衣服則是「便服」。

根據明代記載典章制度的《明會典》書中描述：「親王冠服……盤領窄袖，前後及兩肩各織金織蟠龍一。」因為鄭家延平郡王的身分，胸口、雙肩又有著蟠龍的刺繡補子，又由於諸王（郡王、親王）的

〈鄭成功畫像〉國寶。（國立臺灣博物館提供）

常服大致和皇帝一樣，因此這種團龍補服又被稱為「袞龍袍」。

歷史上藩王或親王的袞龍袍大多為紅色，但《明會典》中，並沒有詳細規定此類常服的顏色，只有規定除了皇帝以外，不可使用黃色的袞龍袍。此外也有褐色的龍袍畫像傳世，甚至是同樣的郡王綠色袍服，因此我們沿用圖片裡的綠色。

「袞龍袍」的衣袖，因明末風氣影響，較為寬大，衣襬也至腳踝。衣袍內穿褡護（背心式），搭上白色的護領，腰部有玉帶（革帶）環繞，腳則是穿黑色的皂靴。

延平王頭上戴的冠帽為「烏紗翼善冠」，因烏紗覆之，折角向上，故名「翼善冠」。畫像中，可以看到原來畫像中，延平王的帽緣環繞金色邊飾，並綴有紅色寶珠。但明末時期，鮮少在烏紗翼善冠上使用紅色圓球裝飾，皇帝更多是使用「雙龍戲珠」，而郡王或親王更少使用裝飾，因此我們判斷該裝飾同為清代畫師臆測。

而隨著這幾年文物出土，廈門的鄭成功紀念館也有收藏鄭成功墓出土的團龍圓補的殘件。其中值得一提的是，鄭成功的蟠龍補子，是正面的龍（但大多畫像是蟠龍，因此這裡所繪仍非正龍）。而過往許多人認為，除了皇帝以外，不可使用五爪龍；然而近年許多出土資料都顯示，明代皇室親王、世子、郡王，甚至藩國王室，都有五爪龍袍相關的畫像或文物，因此我們在重現的繪製上，也使用了五爪龍。

第一個漢人政權

明鄭王朝是第一個在台灣建立的漢人政權，而在政權覆滅後，也開始了清朝兩百多年的統治，在清軍接管台灣後，有些反清復明的人被遣回中國，有些在台灣躲藏起來，有些則遠渡至南洋，留下「皇明」的標示在墓上，在許多人心中，鄭成功都有其地位。

然而歷史事實是，鄭成功只有在台灣待了一年多的時間就病逝，與台灣這塊土地相處最久的是他的兒子：鄭經。然而他較常自稱「延平王世子」而非世襲的「本王」（延平王）稱呼。在英國、日本的書信中，則可以看到他被稱為「東寧國王」、「King of Tywan」的資料。

「遠絕大海，建國東寧。於版圖疆域之外，別立乾坤。」「東寧」是一個很美的詞，而「於版圖疆域之外，別立乾坤」對於鄭經又是什麼意思呢？也許就待歷史學家慢慢考究了。

02

01

01｜明熹宗坐像。皇帝龍袍的顏色並不限於黃色與紅色。（現藏於國立故宮博物院）

02｜明英宗坐像。明英宗頭上戴著「烏紗翼善冠」。（現藏於國立故宮博物院）

台灣行樂圖

延平郡王下班以後穿什麼？

飄飄巾

明代的中後期比較流行，飄飄巾頂部前後都為斜坡，各綴一大小相等方形片，帽後的繫帶則可迎風飄動，看起來風流瀟灑，很受文人士庶們的喜愛。

道袍

明代男性的常用便服，可日常穿著，也可穿在禮服裡面。道袍寬衣長袖，並在衣身的開衩處內部增加布料打褶，是在當時很流行的服裝之一。

紅鞋

道袍的容像裡，可見搭配紅色鞋子，為明末流行。

行樂於台灣，道袍與飄巾

如果上一篇提到的袞龍袍「常服」，是延平郡王上班時的衣服；那「便服」就是郡王下班後可以穿的衣服了，就像是上班族的襯衫，與下班後的T恤一樣，屬於延平郡王的「T恤」是什麼呢？

在廈門的「鄭成功紀念館」裡，收藏了一幅〈台灣行樂圖〉，由鄭成功的次子鄭聰第十一代嫡孫捐贈。根據館內的工作人員鑑定，此畫約完成於清康熙雍正之間，畫中的鄭成功（也有一說是鄭經）就穿著淡藍的衣袍，閒適優雅地與另外一位文人漫步。

雖然無法證實畫內所繪人物是誰，但其中的服裝確實符合明朝中後期男子的日常穿著服裝。

圖中人物穿著的服裝，被稱為「道袍」。道袍乍聽很像道士的服裝，但實際是明代中後期文人士庶的男性常用便服，不只可以居家穿著，有時也可以穿在禮服裡面。

道袍一般來說寬衣長袖，右衽斜襟，扣子處改為用繫帶固定，並且會在衣身的開衩處內部增加布料打褶，因此看起來蓬鬆飄逸，是在當時很流行的服裝之一。

而傳統受到儒家文化影響的文人仕紳，則常有佩戴帽子的習慣。在文獻中冠帽類也被稱為「首服」，是個代表階級的配件。

圖中男子的帽子，叫做「飄飄巾」，在明代的中後期比較流行，很受文人士庶們的喜愛。飄飄巾頂部前後都為斜坡，各綴一大小相等方形片，帽後的繫帶則可迎風飄動，看起來風流瀟灑，也被稱為「飄巾」、「飄搖巾」、「逍遙巾」。

許多穿著道袍的容像裡，都可見搭配紅色鞋子，應為該年代流行，包括〈台灣行樂圖〉中的藍袍男子也是穿著紅鞋，因此這裡的人物圖像便沿用該搭配。

〈台灣行樂圖〉局部，穿著道袍的鄭成功與陳永華。（現藏於廈門鼓浪嶼鄭成功紀念館）

亦儒亦神亦忠臣，萬用的政治代言人

鄭成功是怎麼樣的人呢？在部屬所寫的《先王實錄》裡，他是一生遵照郡王身分，領導有方的將領；在荷蘭人《梅氏日記》眼中，他是情緒不穩定、殘暴蠻橫的敵人；在清廷《台灣鄭氏始末》的記載，他則是難纏狡猾的亂臣賊子。

即便他在台灣只待了四個月就過世，但後人對他的神化與傳說卻是與日俱增。

在牡丹社事件之後，為了拉攏台灣人的民族意識，沈葆楨奏請朝廷為鄭氏立祠，他也從海盜、反賊，搖身一變成為了忠義於朝廷的「國姓爺」；而後日本統

圖中的紅鞋。（明〈李士達坐聽松風圖〉軸，現藏於故宮博物院）

治時期，鄭成功來自母親的日本血統，也讓他成為第一個來到台灣開墾的「日本人」，延平郡王祠成了「開山神社」。到一九四五年日本戰敗，國民政府來到台灣，隨著「反攻大陸」、「光復中華」的政策口號，鄭成功「反清復明」的形象，也成為政府對民眾宣揚的歷史小故事。

從清廷到日本，再從日本到國民政府，可以說是每個來台灣的政權，幾乎都能在他身上找到對民眾宣傳的信條。而對鄭成功來說，他究竟覺得自己是海賊的兒子、忠義的儒將，還是擁有日本血統的武士？

時代永遠會歌頌著偉人，而他真正的心意或許人們永遠無法得知。

鐵人部隊

鐵面、鐵臂與鐵裙，

驍勇善戰左右武衛親軍

護臂（鐵臂）

可拆卸安裝於上衣的鐵製護臂，由魚鱗狀的鐵甲片編綴而成，類似日本鎧甲中的「籠手」。

鐵冑（鐵面）

鄭家鐵人軍頭部的「鐵冑」，因為能罩住全臉又被稱為「鐵面」，元朝時出現，在清代時則以布面甲方式於軍中普及。

罩甲（鐵甲）

上半身的短罩甲「鐵甲」，是由鐵甲片編綴而成的背心。整件冑甲連同腿裙分為上下兩件。

藤牌

鐵人部隊的作戰策略是三人一組，其中士兵先用藤牌擋住清軍的弓箭，接著一人砍馬腳、一人砍人。

斬馬刀

行纏

固定小腿肌肉的綁腿。可防止擦傷、蚊蟲並降低疲勞。

腿裙（鐵裙）

以裙圍方式保護下半身的鐵甲冑，與短版的罩甲搭配，達到下半身的防護。

重鎧、藤牌、斬馬刀，傳說中的鐵兵戰將

在談及鄭成功與荷蘭人在台江內海的戰役時，多數人最耳熟能詳的便是鄭成功利用颱風漲潮，順利進入鹿耳門的故事了。

但除此之外，這一戰中鄭家軍裡還有一個令荷蘭人與清兵都聞風喪膽的「鐵人部隊」，驍勇善戰的形象也被化用到如《帝國時代三》等遊戲裡，甚至據說直到清朝統治台灣之後，「鐵人部隊」也重新改組為「藤牌兵」，參與清朝對俄國的戰爭。

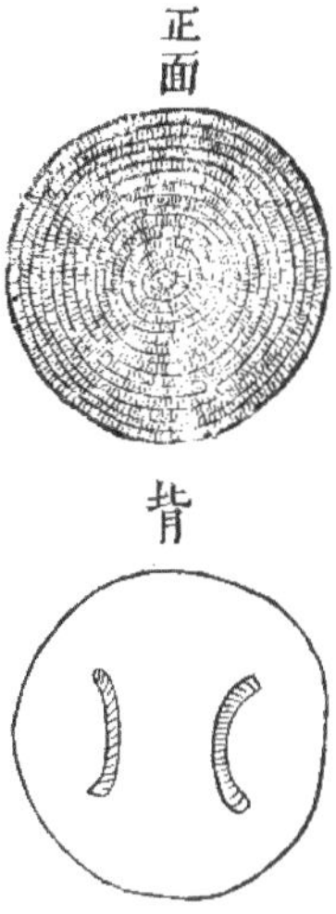

《經國雄略》中所繪製的「藤牌」。

從許多史書與文獻可以看見他們的存在：「俱鐵甲胄、鐵面頭子，止露兩足；用長刀砍騎，銳不可當。」（《明季南略》）、「帶鐵面，穿鐵臂、鐵裙，用鎖鎖定，使不得脫；時謂之『鐵人』。」（《海上見聞錄》）、「稱藩師二十餘萬，戰船千餘艘，俱全身是鐵，箭射不透，刀斬不入。」（《從徵實錄》）

除此之外，許多見證鄭成功台海之役的歐洲人，留下的文字與圖像也證實了「鐵人」軍甲的存在。像是阿布雷希特・何柏（Albrecht Herpor）的《東印度旅遊見聞》裡面一張插圖，便有全身包覆鐵甲的鄭軍插畫。

雖然此圖描繪的鄭軍讓人質疑近似西洋人的想像，但由於鄭家多年經商與大航海時代的背景，有可能受到西洋或是日本

阿布雷希特．何柏《東印度旅遊見聞》插圖，左方為鄭軍部隊的描繪。（現藏於荷蘭海事博物館）

甲胄的影響。然而將此圖中的軍甲放大拆解，仍有些部分符合明清時代的甲胄形制，並且可以對應到文字記載的描述。因此我們仍是將此圖結合明代罩甲的史料紀錄，以圖片還原最有可能的樣貌。

這裡所參考的鐵罩甲形制，主要來自於明代的「紫花罩甲」，紫花罩甲原先為明武宗的甲胄，除了禁用內裡的紫花布樣，其他後來廣傳於軍民之中。

此類罩甲主要分為幾個部分，頭部的「鐵胄」；鑲綴鐵片的短版背心「短罩甲」；以鐵甲片護住手臂的「護臂」；與下半身同樣以鐵甲片串接而成的「腿裙」。

這也是我們在查詢甲胄資料時，找到最能符合史料裡的構造描述：像是腿裙對照「鐵裙」、護臂對應「鐵臂」、上半身的短罩甲「鐵甲」，而將鐵甲片鑲綴成胄甲的形制，與廈門鄭成功紀念館的出土文物相符。從何柏的插圖中也可以看見，鐵甲同樣分為上下兩件，手臂鐵片內側是布料。

鄭家鐵人軍頭部的「鐵胄」因為能罩住全臉，又被稱為「鐵面」，由兩個部分構成，上半部是頭頂的鐵盔，頭頂處也會有代表位階的「翎羽」。脖頸處則是由鑲有鐵甲片，能包覆頸部、頷部、耳部的「頓項」組成，出現於元朝，在清代則以布面甲方式普及。

護臂與罩甲一樣，同樣由魚鱗狀的鐵甲片編綴而成，類似日本鎧甲中的「籠手」，可裝戴於手臂之上，腿裙則與短版的罩甲搭配，達到下半身的防護。

鐵人部隊的武器由雲南斬馬刀與藤牌構成，「其兵三人一伍，一兵執團牌蔽兩人、一兵斫馬、一兵砍人；甚銳，一刀揮鐵甲、軍馬為兩段。」（《明季南略》），鐵人部隊的作戰策略是三人一組，其中士兵先用藤牌擋住清軍的弓箭，接著一人砍馬腳、一人砍人。

至於鐵人部隊的鞋子是什麼呢？有一說為鄭氏練兵時，不允許將兵們穿鞋，以赤腳適應海上生活與沙岸等地形，但行軍時通常有「行纏」，以布條綁腿固定小腿肌肉，緩解腿腳疲勞，所以我們在人物畫像中，仍然已有著鞋的形象呈現。

冷兵器與熱兵器的交界，從鐵人到藤牌軍

據說鄭成功在幼年時，因為見到了日本全身穿著鎧甲的武士，對全身重甲的士兵產生嚮往，才因此設計了這支以鐵面重鎧為標誌的部隊。然而在火器逐漸發達的十八世紀，戰爭也從過往的刀劍相交，漸漸改成了砲火、銃槍對戰，亮晃晃的沉重鐵甲反而帶來了行動不便、過於顯眼等問題，到了清中葉時期，大部分可見的甲冑已經換成以布內鑲甲片的「布面甲」了。

鄭軍正好處在這個冷兵器與熱兵器交接的世代，隨著政權更替與需求轉換，鐵人部隊的神蹟也逐漸從歷史上漸漸消失，成為以「藤牌」為主要識別的軍隊。

這樣的一支部隊，據傳參與過一六八五年清國與俄國在東北的戰爭，透過清朝，這套訓練方式傳承了下去，也幫助朝廷平定一八二〇年的新疆叛亂。然而到了一八四一年的鴉片戰爭時，卻也終於不敵鴉片戰爭的西洋武器，逐漸消聲匿跡了。

可以看見將士們手上穿戴的「鐵臂」。（〈明人畫入蹕圖〉卷，現藏於國立故宮博物院）

鄭氏水軍

赤腳的海陸大軍，
布面罩甲與硬裹巾

束甲

束緊布面甲來固定，並透過不同顏色來產生辨識作用的布條。

折上巾

明代士兵通常有戴巾的習慣，尤其水軍，這樣的頭巾由隋代的「襆」演變而來，到了明代時，水軍則戴有加巾子的硬裹巾。

長罩甲（布面甲）

進入到熱兵器時代後，過往的鐵盔甲較無效益，改為以布作為罩甲的表面，內襯使用棉花壓實，並在表面釘上甲泡。

甲泡

類似鉚釘，釘在布面甲表面以固定內部壓緊棉花或鐵片。

束褲腳

類似短褲，但褲腳的部分有繫帶可以束緊，防止戰爭時掉落。

火銃

十七世紀時已逐漸進入熱兵器時代，槍砲等也開始在戰爭中出現，長年經營海上貿易的鄭軍不乏使用洋槍洋砲等武器。

赤腳

適合沙岸與水路地形。

驍勇善戰的鄭氏水軍，長罩甲與頭巾的水陸標誌

在面對反清復明時，與清朝抗衡的武裝，除了南明遺民的勢力外，還有鄭芝龍留下來的私人武力。當年從海盜起家的鄭家水軍，在中國東南海一帶擁有極大的權力，像是路經船隻必須繳納過路費，也與商業掛鉤。

軍隊裡除了被認為是「特種部隊」的鐵甲兵以外，鄭氏家族也有不少驍勇善戰的水軍，像是何柏《東印度旅遊見聞》中的插圖（見頁五十六），鐵甲軍的左方，就有著穿長背心罩甲、頭上纏著布巾的軍人。

這樣的冑甲形制被稱為「長罩甲」。長罩甲通常指的是一件式，差不多到膝蓋，形似如今背心的「布面甲」。

元代之後由於火器逐漸盛行，「布面甲」也逐漸流行。「布面甲」又被稱為「棉甲」，是將大量的棉花浸濕後踏實，重複幾次曬乾後製成防具，相較於鐵甲的重鎧來得更輕便，並且在火砲紛飛的場合裡，較不引人注目。

有時布面甲也會在裡面鑲嵌鐵片，被稱作「暗甲」（相對於鐵甲片在外面的「明甲」），布面甲通常還會在表面釘上類似圓狀的鉚釘「甲泡」，用來固定裡面的鐵甲片，或是讓棉花更緊實。

而明代士兵通常有戴巾的習慣，尤其水軍，這樣的頭巾由隋代的「襆」演變而來，到了明代時，水軍則戴有加巾子的硬裹巾。

「將帥謁見，甲冑僅蔽身首，下體多赤腳不褌；有以鞋履見者，必遭罵斥，併抑其

賞。」（《裨海記遊．偽鄭逸事》），這是郁永河來台以後，記錄鄭成功家族的文章，放在《裨海記遊》的書末。

從這段文字可以看出，鄭成功的士兵多以赤腳為主，包括西洋人的圖畫中也有這樣的特徵。因此我們在呈現鄭氏水軍的人物圖像中，就選擇了赤腳的軍隊來呈現。

殺伐抗敵，身不由己

明鄭的水軍，在當時東南沿海幾乎有著強大的制海權。明鄭的軍隊趕走了原先在台灣殖民的荷蘭人，鄭成功也成為漢人祭祀的對象之一，但對於當年同樣生長在西部一帶的平埔族群呢？

「以各社土田，分給水陸諸提鎮……令兵丁俱各屯墾。」（《海上見聞錄》）這個為人稱道的屯田政策，卻也加重了平埔族人的賦稅，而後更是爆發了許許多多的衝突，許多部落與社里住民也在這之中遭致屠殺。

戰爭年代，或許每個人都背負殺戮的罪孽，也許每人都身不由己，但這樣的歷史鮮少在課本中提及，卻是真真實實發生在這塊土地上的故事。

若是能對於歷史採取不同的觀點，那麼在現實的社會，也更能夠對多元的文化尊重吧。這是在這個年代裡，每個人都需要學習的，因為這是我們共同生活的島嶼，我們共同背負的命運。

表面釘有「甲泡」的布面甲，藍色罩甲上上一點點白色即為「甲泡」。（〈明人畫入蹕圖〉卷，現藏於國立故宮博物院）

寧靖王妃妾

殉國的五位女子

長衫髮冠與披風

冠

外面用金銀絲或馬鬃、頭髮等材料編成一個類似於髮冠的「狄髻」，罩在頭頂髮髻之上。

豎領長衫

明末的衣長流行到小腿甚至腳踝，領子多為高於領口兩三公分的豎領。

馬面裙

那年代多流行白色裙子，女裙又流行一種叫做「馬面裙」，指裙中間有一段光面，旁邊打褶。

披風

披風由男裝演變而來，如同現代的大衣，多與長衫搭配，左右兩邊有開衩，胸前加上金屬扣固定。

棒球場旁的芳魂，南明的五位妃妾

在台南市立棒球場的對面，有一塊乍看是公園的綠地，環境清幽，風景靜美，那塊綠地被稱為「五妃墓」，而那五位妃妾分別指的是：袁氏、王氏、秀姑、梅姐、荷姐。她們是郡王「寧靖王」的妃妾。隨著明鄭政權來台，一些明朝皇室遺脈也跟著參與這反清復明的大業，這五位妃妾也因此來到這個東方小島。

二十年後，復興明朝的計畫終歸失敗。施琅攻下澎湖的消息傳到台灣，寧靖郡王就召來了五位妃妾：「今大勢已去，我死是遲早的事，但是你們仍然年輕，可以自己離開。」五位妃妾就說：「請王先賜我們自縊的白布，我們願意跟隨王上死去。」而後五位妃妾就相繼在中堂結束了自己的生命。

一如史書上的女人大多沒有名字，她們也只有寥寥數筆的記載，還有一座後世為了紀念五個女子的忠烈所建立的「五妃廟」。

由於明鄭時期留下來女子畫像過少，且大多為後人臆測繪製，因此我們以五妃作為原型，參考明代末期的中上階層仕女的服裝來繪製，在主要資料也以一些人物容像（肖像）作為服裝參考。

明代女裝的流行演變，從明初的衣襬只至腰間，到明末的長及小腿甚至腳踝；領子也有一些差異，從y字樣的交領，慢慢演變成為高於領口兩三公分的豎領，因此這邊參考的容像便是豎領斜襟的長衫。

另外，「披風」也是一個當時女性習慣在長衫外面加上的服裝。最開始是由男裝演變而來，披風的作用就如同現代的大衣，左右兩邊有開衩，胸前加上金屬扣固定。

那年代多流行白色裙子，或在裙襬上加些碎花刺繡裝飾，女裙又流行一種叫做「馬面裙」的裙子，「馬面」是指裙中間有一段光面，旁邊打褶，也被稱為「側褶裙」。

頭頂的髮髻，明朝時的已婚婦女多將髮髻盤至頭頂，外面用金銀絲或馬鬃、頭髮等材料編成一個類似於髮冠的「荻髻」，罩在頭頂髮髻上，最後插上各式飾品作為妝點。

而在參考的容像中，所戴頭冠稍大因此遮住了後面髻的樣式，無法確定是否為上面所描述之荻髻，但可以確定的是，在此圖中是將髮髻盤至頭頂。

「王生俱生，王死俱死。」

或許五位妃妾的故事，只是鄉野奇談、地名軼事中一個不重要的部分，也或許她們只是為了襯托寧靖王的存在。畢竟外族入侵，失去領土，對於當時的明朝子民而言，是多麼痛苦的經歷，但在大時代裡，五個女性的聲音和性命，似乎都被隱沒在忠孝節義之中。

詩文家陳黎，曾經在詩作〈五妃墓．一六八三〉中，以不同的角度，從五位妃子的觀點出發，重新敘說五妃廟的故事：

……我很想說我不想死（你們猜這是／誰的聲音，袁氏，王氏，秀姑／梅姊，或荷姊？）／我很想伸手／攔一截未盡燃的田契，在這裡繼續／種田蒔花，直到老樹垂蔭，芳草／碧綠／或者，為了讓後來的你們

／仍保有一個五妃里，一條五妃街／並且在夏天，逛過五妃廟後和／喜歡的人一起牽手到附近街上／吃杏仁豆腐冰，我願意一死——

……但讓我在賜給我的帛上寫「我怕」／我怕墓上的碑銘讓你們以為／「從死」是唯一的美德，我怕／你們覺得庭院裡搖曳的都必須是／忠孝節義的樹影，倫理的微風／我們躺在這裡，不封不樹，我們是／後來城市後來體育場後來街道後來／車聲人聲的一部分，而一個聲音／提醒你們我們是複數，也是單數。

如今，五妃廟仍靜靜佇立在台南中西區，看著後世的人們。

這張清朝時的繪畫仍可以看出長衫與披風的搭配。（清，張廷彥〈青女素娥〉軸，現藏於國立故宮博物院）

明鄭士人

巾帽衫袍，

士大夫的海外餘生

唐巾

一種垂著兩支「腳」的巾帽，由唐代襆頭演變而來，在明代變成一種冠帽樣式。

直綴

明代男性的常用便服，類似道袍，但直綴衣襬兩側通常不會打褶，所以比道袍的正式程度更低，也更於民間常見。

布履

相較於皮製的靴類，布類的鞋履更為普及。

道袍直綴，方巾與唐巾的故國夢

前面討論「延平郡王下班後穿什麼？」的文章中，介紹了「道袍」與「飄飄巾」這幾樣明朝中後期士人常穿的服裝。除此之外，還有幾樣當時的明朝士庶常穿的便服。

在描述鄭氏家族在台灣的〈台灣行樂圖〉中，一般認為穿著藍色道袍的是延平郡王，他身旁穿著褐色道袍的是陳永華。但畫面中，還有一名穿粉色袍衫，正在下棋的文人。

圖中可以看見下棋的男子，頭上戴著一頂垂著兩支「腳」的巾帽，這種帽子在明代被稱為「唐巾」。「今之紗帽即唐之軟巾，朝制但用硬盔，列於廟堂，謂之『堂帽』，對私小而言，非『唐帽』也，唐則稱巾耳。」（《七修類稿》）。

雖然唐巾乍看之下很像帽子，但其實一開始分成兩個部分，一個是內部的「巾子」，與外面裹著的黑布。可以想像類似帽盔（巾子）先放在頭頂上，外面再用黑色布巾包起來，打結後在耳後垂下兩支「腳」，形成一體的「唐巾」。明朝許多繪畫都有類似的穿著。

後來「唐巾」也發展成了自成一體的帽子，不用每次都將黑布重新綁裹，也成為明代中後期，文人士庶常穿著的巾帽之一。

而這位文人穿著的衣服，與前幾章介紹的道袍非常像，一般而言被稱為「直綴」。直綴與道袍最大的差異就是，道袍在身體兩側開衩的部分，會加上打褶的衣襬，但直綴通常不會，也因為沒有衣襬的部分，所以也比道袍的正式程度更低，所

〈台灣行樂圖〉畫中一角，戴著巾帽的文人。（現藏於廈門鼓浪嶼鄭成功紀念館）

以在一些圖畫裡也可以看見普通的販夫走卒穿著的情況。

但不管是道袍或是直綴，這兩種服裝，都是在明朝中後期文人士庶日常能穿著的服裝。

平生不識陳近南，就稱英雄也枉然

在談到明鄭時期的文人時，最有名的就是陳永華了。在台灣期間，他擔任「東寧總制」，創立全台首學的孔廟，也推動了科舉、屯田制，可以說是當時非常博學且具有威望的人物。但是陳永華不只是「鄭氏諸葛」，他同時任職「諮議參軍」，在反清復明的軍隊中有一席地位。

「平生不識陳近南，就稱英雄也枉然。」這是金庸在小說裡虛構陳永華時，給他的評語，當然許多資料顯示，陳永華更像是一個對於軍事有所了解的文人，而非一個武功高強的綠林俠士。

現在的台南仍存在的「永華路」、「永華里」，而陳永華創立的孔廟，更是許多青年學子在考試前夕會去祭拜、求好運的地方。時代更迭，但有些事物給人的寄望仍然沒有改變，有機會去附近走走，感受台南豐沛的人文風情吧！

圖中文人頭上戴的「唐巾」。
（明，仇英〈松亭試泉圖〉軸，
現藏於國立故宮博物院）

CHAPTER 3

1683－1874

清領前期

浮誇奢靡的移民浪潮

「清領前期」為一六八三年清廷派施琅發兵攻滅明鄭王朝，至一八七四年牡丹社事件之間的消極治理時期。

清廷攻滅明鄭王朝後，在施琅的遊說下，康熙將台灣併入清國國土，並頒布了嚴厲的「渡台政策」。雖然禁令看似嚴格，但由於沿海管制並不嚴謹，因此仍有許多偷渡客前來台灣，找尋一塊肥碩的耕地，許多人熟知的：「唐山過台灣，心肝結歸丸」、「六死三留一回頭」便是發生在這個時期。

而在移民與偷渡浪潮下的台灣，遍地都是白手起家的墾戶與商賈，沒有妻女的男人們淪為意氣鬥爭的「羅漢腳」，人人崇尚財富與經濟利益，在這樣的環境下，也逐漸展現了與中國不同的服飾風貌。

於是不管是販夫走卒、市井小民甚至羅漢腳，都喜愛能表現華奢、用色豔麗的布料。傳統封建制度的階級，也在服裝的華美下模糊，又因為地處偏遠的關係，清廷的管轄相對薄弱，以至於民風開放，法令不彰。相較於中國的深閨女性，台灣女子可以穿著大紅大紫的衣服在街上閒逛，男子則無視服儀，出現將衣領開至胸口、不繫襪帶等等隨性的穿著。

這樣的風氣，直到開港通商、渡台禁令逐漸放寬，土地的開墾也逐漸穩定後，社會的價值觀從過去羅漢腳的尚武奢靡，變得開始重視官職、教育與社會地位等，才有所消停。

清領前期的文物流傳不多，因此我們選用《番社采風圖》及〈台南地區荷蘭城堡〉（Forts Zeelandia and Provintia and the City of Tainan）圖中漢人的畫像來做人物的服裝解說，並搭配一些文字紀錄描述，來呈現這個時期大紅大紫的羅漢腳風貌。

清廷通事

馬蹄袖、短褂與官帽，

剝削平埔族的漢人使節

涼帽（常服冠）

清朝在夏天的官帽，帽上覆有紅纓。通事雖然有官帽資格，但由於位階未入九品，所以帽頂沒有頂珠。

椎髻

在剃髮留辮政策下，清領前期台灣漢人常將前額頭髮剃掉，後面的頭髮則在腦後紮成髻。

馬蹄袖

在袖口前邊接一個半圓形的「袖頭」，因為形狀如馬蹄，又稱為「馬蹄袖」。多為官吏所穿。

短褂

清代時出現的一種新型服裝，因便於騎馬又稱為「馬褂」。若衣長在腰際間稱為「短褂」。

方頭靴

靴類在清代多為官吏階級穿著。

長袍

進入清代以後興起一種服裝樣式，在下襬多有開衩。因為長袍常有開衩的設計，要搭配穿在內裡的套褲。

是橋梁也是剝削，部落裡唯一穿著靴子的男人

「通事」是一個清朝的職位，通常是漢人所任，職位並不高，但卻是作為官府與平埔族部落的溝通管道，負責傳達政令。

由於通事太過熟悉部落的情況，因此常會藉著權力從中謀財使壞，像是寫《北投琉穴記》的郁永河，就曾經描述許多通事仗著平埔族不了解漢語，所以在法堂上信口胡說指控，欺壓平埔族人以謀取自己的利益。

「通事」在清代是很低階的官職，甚至未被列入九品中，因此在圖中沒有大部分官職應有的裝飾，像是通事沒有「補褂」，就是清宮劇中官員穿的藏青色，胸前繡著禽類獸類圖騰的官服；還有通事雖然有清廷的紅色官帽，但由於是未入九品的官職，所以帽子上面沒有頂珠。

由於台灣被清國納為領土，也因此台灣的人民也必須尊崇清國的政策，剃掉前額的頭髮，將餘髮編成辮子，又稱「剃髮留辮」。但清領前期台灣漢人常有的髮型是「椎髻」，一樣是將「剃髮留辮」的前額頭髮剃掉，後面的頭髮則在腦後紮成髻。

「褂」是在清代時出現的一種新型服裝，通常做成圓領對襟（扣子在中間），若衣長在腰際間稱為「短褂」，因便於騎馬又稱為「馬褂」。除了長褂短褂的分別，褂也有分長袖與短袖，長袖褂多為窄袖，短袖褂多為寬袖，通常只到肘間。

圖中土官的腰間還繫了一條布腰帶，腰間繫布帶在中國的人物肖像中較為少見，也許是土官需在野外地區移動方便，所以會多一條腰帶固定。

《番社采風圖——渡溪》，圖中間手上拿著菸斗的就是「通事」。（中央研究院歷史語言研究所藏品提供）

長袍是進入清代以後興起一種服裝樣式，在下襬部分有分為四開衩（前後左右）或二開衩（前後或左右）或無開衩，一般多為左右兩邊開衩的長袍，官員穿著前後開衩的長袍，只有皇親國戚等才能穿著四開衩服裝。

另外，手部的袖口也是值得注意的地方，他的袖口並非直接如現代衣服一樣平直，而是在本來比較狹窄的袖口前邊，再接一個半圓形的「袖頭」，因為形狀和馬蹄相似，又被稱為「馬蹄袖」。通常附帶「馬蹄袖」的是比較正式的禮服，多為官吏所穿，平民較少準備。

因為長袍常有開衩的設計，所以要搭配穿在內裡的套褲，才不會走光；而靴類在當時也是一個權力的象徵，因為平民與平埔族群幾乎不會穿著靴類。

輾轉兩百年的平埔族群史料

此篇人物圖像參考中研院歷史語言研究所收藏的《番社采風圖》，也就是清初官府繪製的原住民風俗圖，雖然圖像大多是記錄當時的平埔族人，但有少許篇幅與當時的漢人有關，比如其中的一篇〈渡溪〉，就是描寫「通事」與「土目」乘竹筏渡溪，平埔族人浮水推筏的情景。

除此之外，在原圖中通事旁邊坐的是「土目」，土目是平埔族人，通常由部落推選再經官方任命；也有官方直接從社內選任。最初土目地位並沒有特別尊崇之處，但隨著漢人制度投射，通事制度逐漸成為世襲，也造成了平埔族群中的貴族階層。而畫中也可以看見這兩位「通事」與「土目」都穿著褲和靴，顯示這些既得利益者是漢化的先鋒。

《番社采風圖》原本命名為《台番圖說》，是乾隆年間來台的御史所繪製，這圖卷雖是以台灣為題，但卻兜兜轉轉了很多地方才到台灣，一開始甚至是由清末來到中國的義大利人羅斯擁有，民國二十四年時才贈給當時的政府收藏，而後隨著國民政府來台，才來到這塊土地上。

這卷圖共十七幅，即便並非兩百多年前的足本，仍有許多當時的生活環境與習俗紀錄，是個頗有史料價值的圖卷資料。雖然我們選錄的是裡面壓迫者漢人的形象，但這卷圖像裡主要記錄的仍是平埔族的資料，是研究平埔族群文化的重要紀錄。

糖廠工人

纏首短衣，

被漢人把持的甜蜜企業

纏首

由於清朝統治，所有的男性都必須剃髮留辮，而漳州、泉州人有用布纏住頭髮的習慣，來台的移民也承襲了此習慣。

對襟短衣

從事勞動工作的漢人移民常穿的衣服。一種簡單易穿的短衫，有時也會是背心的形式，為了行動方便，扣子偶爾會解開。

布帶

勞動人口常會在腰間繫上一條布帶防止衣衫掉落。若將布帶中間作為空心，前方打結則可以作錢袋使用。

水褲

褲子是當時台灣漢人男性的主要下身衣著，單層布料褲子，到膝蓋的褲子又被稱為「水褲」。

布鞋

相較於農夫等職業，工人的圖像穿著鞋子的較多。

「糖，台灣之大生意也」，纏首短衣的技術工人

這張人物形象出自清初年間《番社采風圖——糖廍》，雖然這卷番社采風圖大多是描述當年代平埔族群的生活現狀，但此張〈糖廍〉卻是其中描述漢人生活的樣貌。

因為製作蔗糖的過程繁複，不只要分工與各種不同的技術，像是光在取材的途中就呈現了三種不同的作業「砍蔗」、「硤蔗」、「煮蔗汁」，而後在熬煮過程視糖膏顏色區分烏糖、赤糖、白糖和冰糖等，必須妥善地經營管理，也因此在當時的社會背景下，掌握複雜的製糖工業的，大多為漢人而非平埔族群。

我們選擇重新描繪頭戴烏青色頭巾的人物圖像，但同張圖裡也可以看見薙髮梳辮、穿褲子、蓄留鬍鬚的漢人形象。

由於清朝統治，所有的男性都必須剃髮留辮，在清初期間，許多人是留著「椎髻」（特別是勞動群眾），一樣是將前額頭髮剃掉，但是將剩餘的短髮在耳後紮成一個髻。而漳州、泉州人有用布纏住頭髮的習慣，台灣也不例外。

傳統漢人男性的正式服裝是長袍，有時還會搭上外面的馬褂或馬甲，但圖中這類簡單易穿的短衫，是在家中方便，或是從事勞動工作的漢人男性時常穿的衣服。有時也會是背心的形式，為了行動方便，扣子也會解開。

褲子則是當時台灣漢人男性的主要下身衣著，圖中工人是穿著寬大的「大襠褲」，又稱為「水褲」（大部分只到膝蓋）。固定住褲子的腰帶通常是額外的配件，比較講究

糖廍裡工作的工人們（《番社采風圖—糖廍》，中央研究院歷史語言研究所提供）

的人，腰帶兩端還會有刺繡、流蘇等裝飾，也因為寬大的布料可用來包裹錢，充當口袋使用。

相較於農夫等職業，工人的圖像較多穿著鞋子，也許是與安全相關，當時《諸羅縣志》有這樣一段紀錄：「靴韈恥以布；履用錦，稍敝即棄之。下而肩輿隸卒，皆紗帛。」可見在鞋襪上也是會使用一些名貴的布料。

龍頭鳳尾好衣裾，錦繡偏諸謝不如

台灣在清初時期，因為人口組成多為移民，奢華炫富的風氣也非常蓬勃：「人無貴賤，必華美其衣冠，色取極豔者。」紗帛緞錦等昂貴的布料，即使是市井小民或是農夫也不例外。

除了圖像中的這種短衣外，文獻裡還有一種名為「蘇裾」與「瓜子領」的穿著，可看出台人在當年奔放奢靡的風氣：「男子短衣每過膝，襟多直下曰蘇裾（裙），其實蘇人之衣不爾。」「領則不論頸之肥瘦，多上圓下尖，半露其胸，曰瓜子領。之露於衫外者，寬長約尺有半，曰龍擺尾。」

康熙三十九年時，只准許「八旗舉人、官生、貢生、生員、監生、護軍、領催」可以穿著「平常緞紗」，然而台灣因為邊疆地遠，依然繼續自己的浮華審美，這點也讓許多清初來台的官員非常頭痛。

雖然這裡的人物圖像並沒有呈現出色彩斑斕的印象，但這段服飾的歷史，卻是飄搖的島嶼一筆鮮豔的色彩，也讓大多是羅漢腳的清初社會，有了更多不一樣的想像。

在清末，一些平埔族群的相片也有男性以布纏頭的習俗。（馬偕攝影，真理校史館提供）

士人社師

剃髮留辮，

長袍鞋履的漢化體制

剃髮留辮

由於台灣被清國納為領土，也因此台灣的人民也必須遵循清國的政策，剃掉前額的頭髮，將餘髮編成辮子。

長袍

清朝出現的服裝，是男性漢人的正式服裝之一，有時還會搭上外面的馬褂或馬甲。

腿褲

由於長袍左右兩端開衩，以防走光會在其中加穿腿褲。

鞋履

通常為布所製的鞋履，以黑色的烏布鞋最常見，內穿襪。

長袍腿褲，土番社學的「社師」

這裡的「士人」圖像出自《番社采風圖——社師》，「社師」是指雍正年間後，在各平埔族村社設立的漢文教師，負責教導平埔族兒童讀寫字、儒家經典，並接受背誦的考試。

在原圖中，幼童都穿著漢人的褲子和鞋子，表示來接受社師教育的平埔族漢化程度是比較深的，而且受教育的兒童皆是男童，與原本為母系社會的平埔族群大不相同，這也是漢化的表現之一。

由於台灣被清國納為領土，也因此台灣的人民也必須尊崇清國的政策，剃掉前額的頭髮，將餘髮編成辮子，又稱「剃髮留辮」；衣服同樣也受到影響，原來士人穿著的衫、襖，逐漸取代為清人帶來的袍類，特別像「社師」等象徵統治權力、具有政治教化意味的職位尤其明顯，而此類職位因背負政權義務，在穿著上也不會如當年台人一樣多彩豔麗。

在形制上，相較於其他勞動階級穿著短衣等方便簡單的服裝，傳統漢人男性的正式服裝是長袍，有時還會搭上外面的馬褂或馬甲，士人則穿著長袍。清初時期，長袍約到大腿處，兩側開衩，下方需再搭配腿褲以防走光。

圖中士人所穿的褲子，是「腿褲」又稱「夾套褲」，並不是如想像中一般的褲子，只有褲管連結沒有襠部，是專門用於防走光的配件，女子則會穿在裙內作為襯底，也可以使用在男性長袍上。

淡藍色的布製鞋子，可見穿著者並非

正在教導學童的社師（左二）。（《番社采風圖—社師》，中央研究院歷史語言研究所提供）

官宦（靴），也非勞動階級（草鞋）。並且不同於前幾張圖將頭髮紮成髻，這裡的社師是以辮子的形式，可能因為教師的身分，較不需要在外行走，也減少了很多可能會把髒汙沾染到頭髮的機會。

化民成俗，其必由學乎

改變一個人的習慣，先強迫約束，再用柔性教育慢慢改變他的思想，這樣的觀念，放在現代的社會也不陌生。而兩百多年前，清朝也是這麼對待台灣的平埔族群，比如「漢化教育」就是這樣的存在。

讀漢人的文章書籍，不只是教導他們學會文字、書寫，更是將尊君愛國、儒學禮義，這種便於統治的思想植入腦海中，再加上「改漢姓」、「賜官爵」、「番秀才」等等的措施。

而清朝對於平埔族的儒家教育，在幾個世代後逐漸有了成效，像雍正年間的巡台御史黃叔璥，就觀察到平埔兒童句讀明確、也能默寫經文，書寫自己姓名，和漢人兒童幾乎沒有差別。嘉慶年間之後，平埔族兒童大多進入漢人社學就讀，土番社學漸趨沒落。

漢化的統治政策，直到今日都對平埔族群造成深遠的影響，直到一九八〇年代平埔族後裔發起復振運動，平埔族曾存在於台灣的史實才逐漸獲得重視。

圖中央的便是腿褲，繫帶則用於繫在腿上。（《台灣風俗誌》）

台灣道官員

補褂、官帽，

清領官員上班怎麼穿？

頂戴

帽頂上的寶石，代表著官職。若是功勳卓著的大臣，帽頂上還會有皇上封賜，以孔雀羽毛製的「花翎」。

吉服冠（夏）

清朝官帽有分多種，像是禮服的朝服，會有對應的「朝服冠」。而低一層次的「吉服冠」則是官員日常辦公時佩戴的官帽。

馬蹄袖

在袖口的前邊接一個半圓形的「袖頭」，又稱為「馬蹄袖」。多為官吏所穿。

補子

官服的胸前後背都綴有一塊方形繡紋「補子」。是區分官品階級的重要象徵，補子上的動物，文官是禽鳥，武官則是猛獸。

補褂

清朝官服，又稱為「補服」。是套在常服袍外面的長馬褂。

常服袍

與平民長袍相似，官吏則是前後開兩衩，若官員是皇親國戚，則衣襬會開四衩。

福建分巡台灣道，官員常服吉服冠

清代官服在不同場合有不同的差別。比如「朝服」、「吉服」，都是在比較正式的特殊場合裡才會穿的禮服。

「朝服」為最正式的服飾，大多在大典、祭祀時穿著，而吉服是略低一級的禮服，大多用在節日宴客。除此之外，在畫「容像」時也會把朝服拿出來穿，因為朝服較常服來得華麗精緻，也能象徵社經地位，大概就跟拍沙龍照時會穿上自己最正式的衣服一樣。

但官員們最實用的仍然是「常服」。「常服」並不是像我們想像的「日常服」，而是「常朝視事」，有點類似辦公服裝。

「常服」通常分為兩部分，裡面的是「常服袍」。常服袍通常是石青色或靛青色的，形制上與一般長袍相差不大，但是袖口處多有蓋至手臂的「馬蹄袖」。若官員是皇親國戚，則衣襬會開四衩，一般官吏則是只開兩衩（前後）。

因為是常服袍，與朝服最大不同是袖口、衣襬處皆沒有刺繡（見後頁圖），而下襬有開衩的設計，所以要搭配穿在內裡的套褲，才不會走光。

套在常服袍外面的那件則是「補褂」，又稱為「補服」。補褂名稱的由來主要是因為胸前後背都綴有一塊方形「補子」，補子是區分官品階級的重要特徵之一，補子上的動物，文官是禽鳥，武官則是猛獸，不同種類的動物也代表不同官階。

而官員們的辦公服裡，還有「官帽」。清朝官帽有分多種，像是禮服的朝服，會

穿著正式禮服「朝服」的〈岸裡社頭目潘敦仔像〉。（國立臺灣博物館提供）

有對應的「朝服冠」。而低一層次的「吉服冠」，則是官員日常辦公時佩戴的官帽。

官帽也會有冬夏季之分，像插圖中是夏日的所用官帽，材料大多為藤、竹製成，先裏一層白色的綾羅，外面再覆以紅纓。

官帽上面的珠子稱為「頂戴」，代表官職，每顆頂珠的寶石不同，位階也不一樣，例如我們這裡所介紹的官員「台灣道」，就是正四品文官，頂戴寶石則是「青金石」。除此之外，若是功勳卓著的大臣，帽頂上還會有皇上封賜孔雀羽毛製的「花翎」。

除了官帽與官服外，朝珠是清朝官服的佩掛物，掛在頸項垂於胸前，通常共一百零八顆，每二十七顆間穿入一粒大珠，大珠共四顆，稱分珠。而腳下穿的「方頭靴」一的靴類，在清代多為官吏階級穿著，而且「方頭」在清代才開始興起，明代靴類則多為尖頭。

最高長官台灣道

「台灣道」的位階為正四品文官，清朝為避免培植地方勢力，主官皆從外地輪調，不會由台灣人擔任。除此之外，清廷也會增設「監察御史」，來制衡道員的權力，像是之前參考的《番社采風圖》，就是由當時駐台的監察御史命令畫工繪製的。

台灣道為一七二七到一八八五年的最高官衙之一，這個職位在台一百多年，經歷了好幾位皇帝的轉換，在綿長的歷史交替裡，人類短暫的生命顯得渺小脆弱。那時的台灣尚未建省，也未曾想過在遙遠地區發生的戰役，會影響未來台灣政權的轉移……。

01

02

01 | 清，料石帽頂。（現藏於國立故宮博物院）
02 | 朝服冠的官帽。（清乾隆，夏朝冠頂，現藏於國立故宮博物院）

坐牛車的逛街婦女

妝盈珠翠、

袪服茜裙的村婦

紙傘

遮陽擋雨，台灣清初漢人女性出門必備。

鍍金銀頭飾

清初台灣漢人女性會以髮飾來彰顯奢華，以金銀或鍍金為最大宗。

手鐲

以銀鍊或鍍金手環最常見。

雲肩

圍繞於頸部披於肩頭的飾品。雲肩是由多枚繡片縫綴而成，通常會是傳統紋樣「如意雲」頭的形狀，因而得名。

長衫

當時的台灣女裝既留有明朝時的形制，又受到清人的裝飾影響，在衫上有大量的繡樣，加上豔麗的顏色，頗有奢靡風氣。

繡鞋

清初台灣漢人女性不愛坐轎子，更喜歡搭乘牛車或步行，讓大家看見華美的衣服。

婦女出不乘輿，袨服茜裙

「婦女出不乘輿，袨服茜裙，擁傘趓通逵中，略無顧忌。」

這段話出自乾隆時期的《海東札記》，作者朱景英觀察到當時富裕的婦女出門不坐轎子，而是穿著華美的衣服直接走在路上，或是乘坐牛車，讓每個人都能觀賞到她的服裝。雖然這樣的穿著，會因每個人的經濟環境而有所區別，但仍可以見得當年台灣的民風奔放。

插圖的人物圖片取材自美國大都會博物館收藏的〈赤崁樓與台南市〉（Provintia and the City of Tainan），又稱「熱蘭遮城大員市鎮圖」（見後頁），雖然使用的是荷西時期的城市名稱，但以畫中人物服裝與完成時間來看，更接近清領時期的畫作。其中除了漢人男性和原住民男女的圖像，也有不少漢人女性身影。

從圖中可以看出當時的女子裝束豔麗，撐傘走於市中。一般而言，台灣漢人除了平常穿的服裝以外，還有「盛裝」。盛裝通常只在節日、喜慶時穿著，有著見客或炫耀的性質，但當時的台灣女子日常行走於市時，也會穿著盛裝。

盛裝最常搭配的披飾便是「雲肩」了。雲肩是由多片繡片縫綴而成，通常會是傳統紋樣「如意雲」頭的形狀，因而得名。一般來說，一件雲肩由六個單件的繡片縫合，更華麗的則由數十件繡片組合為雙層的形式，有的附有劍帶，並有綴珠、鈴鐺等裝飾。

當時的台灣女裝既有明朝時的形制，又受到清人的裝飾影響，在衫上有大量的

〈赤崁樓與台南市〉一角中的女子身影。（現藏於美國大都會博物館）

繡樣，加上台灣富貴人家的婦女喜愛豔麗的顏色，因此頗有奢靡僭越的服裝風氣。不只如此，刺繡的圖案也非常多樣：「以五絲刺雲日、花草、麟鳳、魚龍、美男子、婦人之狀相矜耀為觀美。」手藝好的婦女甚至可以靠著繡藝賺零用錢。

而圖中繪製的下裙仍以明末流行的白裙為主，除了有前幾章提及、中間有一塊光面的「馬面裙」以外，還有打了許多垂直方向褶的褶裙，在十九世紀中後期，也合併兩者衍生出更複雜的「魚鱗百褶裙」。

在頭飾的搭配上，台灣婦女：「雖販婦村姑，妝盈珠翠。」即使是市井小民，出門時也妝容精美、頭飾華麗，因此頭頂飾品也承襲炫富的風格，在用料上非常講究，富貴人家常以純金製成，或是使用藍色的翠鳥羽毛「點翠」，民間則以金屬鍍上銀或金。而當時的髮型也還留有明代罩有「荻髻」（將馬鬃、頭髮編為髮冠）的習慣，因此髮髻相較於其他時代女子來得更高。

男有耕而女無織，以刺繡為工

一開始來到台灣的移民會保有原鄉的習慣，穿著簡單的布衣、樸素的裝扮，但受到大環境的影響，後來也會養成穿著奢侈的習慣。而且台灣一開始只有城市有這種奢靡的風氣，但到了清朝中葉，連鄉村都受到影響。

雖然台灣人穿著奢侈，但台灣不產桑蠶，織布業大受阻礙，然而即使布料需要從中國進口的情況下，台灣崇尚服裝奢華的風氣依舊不減，絲綢羅緞也不少見。

也因為沒有辦法自己製作出華麗的布料，婦女們只好練就了無比高超的刺繡功夫，到最後，甚至到了可以與蘇杭一帶媲美的程度。跟著雞犬升天的還有飾品工藝，煉取黃金、鑄銀的技術，工匠百出，技藝精湛。

很多人在講起清代台灣時，想到的通常是「械鬥」、「羅漢腳」，但這段不常被提及的服裝史，也是台灣歷史上一小抹鮮豔的色彩呢。

四層絲質雲紋彩繡雲肩。（國立臺灣歷史博物館提供）

清朝酷炫台客風

龍頭鳳尾好衣裾，

綾襖錦襪的華麗穿著

藍黑縐紗纏首

漳州、泉州人有用布纏住頭髮的習慣，在當時移民奢華風氣興起的台灣，還會用織出皺紋的藍黑色絲織品來纏住頭髮。

瓜子領

因應台灣炎熱的天氣，男性衣服也出現上圓下尖如瓜子的一種領子，並半露出胸膛。

龍擺尾

台人會將束起固定住的褲子布料垂於身後，隨著走路飄來晃去，稱為「龍擺尾」。

蘇裾（裙）

通常勞動階級的短衣不會過膝，台人則流行衣襟直下蓋住膝蓋，雖然稱為「蘇」裾，但跟蘇州沒有關係。

鳳點頭

穿上布襪時不繫繫帶，讓繫帶隨著步伐起伏，稱為「鳳點頭」。

朱履

大紅色的名貴布製鞋履。

纏首青藍盡縐紗，擺尾如龍爭自便

清初的台灣，受到移民以錢為最大利益導向的風氣影響，遍地都是炫富奢靡的作風。無論職業貴賤，穿著都常常令清廷官員瞠目結舌：

「遊手無賴，綾襖錦襪……負販菜傭，亦必以綾羅為下衣，寬長曳地。」

沒有工作的無賴漢，卻穿著輕薄的綾羅，襪子也帶有花紋；菜販也是穿著高級織物的褲子，長到拖地。

有人為台灣違背禮制的穿著現象下了一個註解：「若使賈生來此地，未知流涕更何如！」意思是假如提出用衣冠制度來定君臣地位的賈誼來到台灣，必定會為大家亂穿衣服的情況而氣哭吧。

曾任台灣道官員丁紹儀（一八四七至一八四八年），更詳細的記錄了當時男女的穿著，這裡的人物圖像也是由他的文字紀錄而來。

「漳、泉人畏風，恆以布纏首。台人亦纏首，多易以藍黑縐紗。長丈餘，環繞五、六匝以為美觀。」

台灣的移民大多從漳州、泉州而來，也因此台灣人承襲了原鄉將布料纏於頭頂的習慣，稱為「纏首」。但不同的是，漳泉人用的是普通布料，台灣人則會使用織出褶縐的輕薄絲織品，顏色是豔麗的藍黑色，並且在頭上繞五、六圈。

「領則不論頸之肥瘦，多上圓下尖，半露其胸，曰瓜子領。」

漢人服裝的領子有許多種，有類似現代衣服的圓領、往上幾寸的豎領，或是前幾章介紹過，左右衣襟交疊的交領。但由於台灣天氣炎熱，加上民風開放，更衍生出了一種「瓜子領」，類似一種圓弧狀的V字形，並且直接開衩到胸口，露出半片胸膛。

> 「男子短衣每過膝，襟多直下曰蘇裾（裙），其實蘇人之衣不爾。」

一般而言，勞動階級為了工作方便會穿著稱為「短衣」的服裝，也就是衣襬與前襟通常不超過膝蓋，甚至不會到臀部。但台人的短衣前襟會長到超過膝蓋，甚至取了文雅的名字叫做「蘇裾」，意思是江蘇一帶的衣裙穿法（但江蘇人並不這樣穿）。

> 「褲之露於衫外者，寬長約尺有半，曰『龍擺尾』。」

清代台灣人穿的褲子又稱為「大襠褲」，也就是褲襠寬鬆，需要額外一條腰帶束起固定住襠部，而台人會將固定住褲子的布料垂於身後，隨著走路飄來晃去，稱為「龍擺尾」。

> 「襪不繫帶，任其脫覆足面，曰『鳳點頭』。」

早期的襪子由於沒有彈性的鬆緊布料，襪子會用一條繫帶固定，但台人也不會繫起襪帶，就讓它在鞋子上垂來垂去，取名叫「鳳點頭」。鞋子的部分，其他台灣御史則記錄了：「餘糧文蘋好，朱履荷長鑱」，農夫會穿著大紅色的鞋子耕地的景況，連鞋子也是同樣的繡飾精美。

台郡獨似富庶，物價百倍無吝色

清初台灣會崇尚奢靡的穿著風氣，除了從中國原鄉帶來的習慣以外，還有當時的整體經濟相對於原鄉都來得更富庶。像是根據《裨海紀遊》的描述，當時台人不同於內地居民臉上常有飢色；傭人一日的薪水就有百圓錢，如果不夠，乾脆就不做了；一般中等人家常常吃肉、廟宇就算很小也非常華美；牧童或屠夫腰上直接掛著金銀，如果被搶了，就當送人了。

這樣的狀況，直到開始開港通商、社會秩序逐漸穩定，人們的追求也逐漸從家財萬貫變成社會地位的追求，過往的富賈土豪，開始培養自己的子女接受教育、考取功名，成為文化資本也有一定水準的仕紳豪門。

於是，台灣人的穿著品味也開始從「怎麼華麗怎麼穿」，逐漸蛻變到有流行趨勢，在意地位與打扮的年代。

閩籍婦女

緄邊斑斕、

技藝複雜的大襟衫

大頭鬃

「大頭鬃」則是髻的樣式，將頭髮挽在髮後，再插上釵簪。

埒總頭

「埒總頭」是前額的髮式，意思是將所有的髮往後梳。

布扣

布製的扣子，可以變換成不同形狀的裝飾。

緄邊

在衣服邊緣鑲上一種裝飾帶狀物，隨著時間不停地流行變化，清中葉緄邊較寬且華麗，後逐漸變窄且簡約。

大襟衫

大襟衫是清代漢人婦女常穿的一種衣服形制，「大襟」意指右衽的衣衫，是一種常見的平裁服裝。

馬面裙

中間有光面的褶裙，清代流行在邊緣處做出裝飾，有如意紋、蝙蝠紋等吉祥裝飾。

弓鞋

閩籍婦女多有纏足習慣，又稱「三寸金蓮」，纏足專用的鞋就是弓鞋。

髮髻翠珠，三寸金蓮與緄邊斑斕的大襟衫

雖然這張人物圖像同屬於「清領前期」，但更趨近於移民接近飽和、社會逐漸穩定的年代。此時人們的穿著，漸漸脫離移民風氣下的華奢僭越，開始在意中國的服裝流行趨勢，也更接近於閩粵一帶的服裝樣貌。

在重繪人物圖像時我們所參考的服裝是收藏於「國立歷史博物館」的「湖水綠緄花羅大襟女衫」，配色也較過去大紅大紫的風氣來得更素雅，轉而使用了偏淺的湖水綠，並鑲上緄極寬的粉紅色素緞，是同時代藏品裡極有特色的一件服裝。

圖中女子的髮型分為兩個部分：「埒（音同肋）總頭」是前額的髮式，意思是將所有的髮往後梳（無瀏海等等樣式）；「大頭鬃」則是髻的樣式，將頭髮挽在髮後，再插上釵簪。

這種髮式出自日本時代一九二一年的《台灣風俗志》，書裡描述該髮型在南部地區較為流行，且多為中老年人的髮型。但日本時代紀錄與清中葉時代相差甚遠，且查閱清末少婦也有類似髮型，因此在參考清領中期婦女的髮型時，將兩者搭配。

而她穿著的是「大襟衫」（又稱「大裪衫」）。大襟衫是清代漢人婦女常穿的一種衣服形制，「大襟」意指右衽的衣衫（「俗以右為大手，故名右襟為大襟」）。大襟衫長度也會隨著流行變化，台灣清領時期的大襟衫，衣長約至膝蓋，袖子長度則約到手腕，袖子寬約三十到四十公分。

大襟衫是一種中式平裁的右衽上衣，隨著時代不同袖寬與長度會有所轉變。像是這件攝於「蘇州博物館」的大襟衫，袖寬與衣襬比例就比圖中所繪「湖水綠緹花羅大襟女衫」更長更寬。（翻攝自蘇州博物館）

同時，大襟衫在領口、袖口，還會鑲上「緄邊」作為裝飾，緄邊寬度、衣袖長度也會因為年代流行而略有差異，像是在清中葉時期，大襟衫袖口寬約近四十公分，緄邊繁複華麗，衣襬大概至臀部左右。

橫跨時空與階級的大襟衫

在你印象中，有沒有那麼一種衣服橫跨一百年，遍及全台灣，無論貧富貴賤，是男是女，甚至少年、老者都會穿的呢？

圖中女子穿的「大襟衫」，雖然富貴人家可能用上等的布料與繁複的緄邊，清寒人家則是用耐髒耐磨的粗黑藍布。但從清領時期到日治時期，這可說是最普遍的服裝樣式，幾乎人手一件，相當於那個年代的T恤。

雖然大襟衫在現代生活中已不多見，但許多復古風的服飾，仍會採用大襟衫的一些形制參考，比如斜襟、衣緣處的裝飾、立領等等。雖然早期服飾總感覺與我們的生活漸行漸遠，但其實仔細探究，仍然與今日生活息息相關呢。

02

01

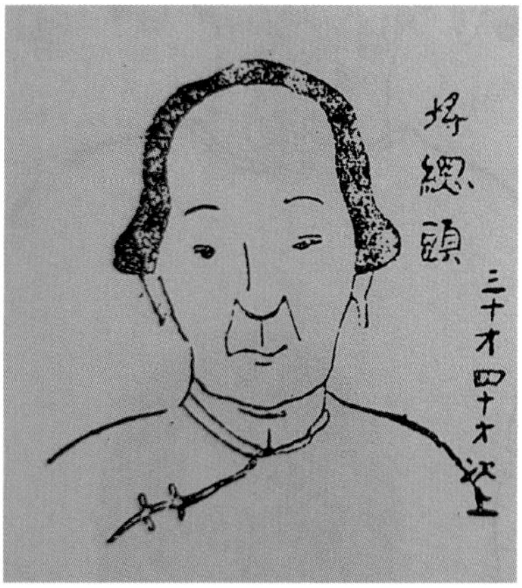

03

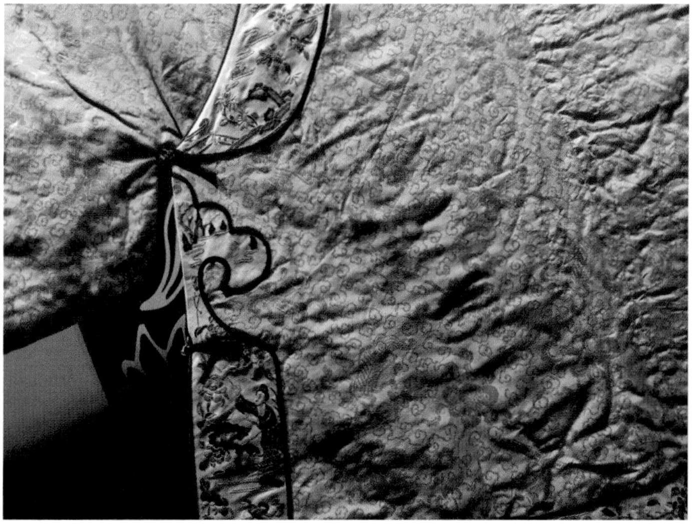

01 | 《台灣風俗志》中記錄的前額髮式「埒總頭」。
02 | 《台灣風俗志》台灣中記錄的髮髻「大頭鬃」。
03 | 衣緣邊鑲上的白色織帶就是「緄邊」。（翻攝自蘇州博物館）

CHAPTER 4

1874－1895

清領後期

開港通商與仕紳並起

清領後期為一八七四年牡丹社事件發生後，到一八九五年日本統治前清廷積極治理時期。

一八七一年，一艘琉球（今沖繩）船漂流到台灣，遭到當地原住民殺害，日本以此為由派兵攻打台灣，史稱「牡丹社事件」。在牡丹社事件之後，清廷意識到台灣的重要性，開始增設縣府、進行各類近代化的積極建設，並在一八八五年時將台灣建省。

這個時期的台灣，因為清領後期土地的開墾逐漸穩定，經濟也隨著開港貿易發達，社會的價值觀從過去羅漢腳的尚武奢靡、有錢就好，變得開始重視官職、教育與社會地位等，因此也建立了仕紳在地方的威望，形成了不同清領前期的社會風貌。

也因為這個時期的台灣社會漸趨穩定，民眾的階級、職業、族群也比清領前期不羈的移民風氣有更加明顯的區隔。因此在服裝上可以看見更多日常服裝與禮服的差別；另外，透過流傳的文物，發現閩籍婦女與客家婦女的分野。而外國傳教士的到來，除了傳教以外，也留下了不少照片，記錄了不少基層民眾的生活。

因此在這個時期，我們較為著重於各族群的服裝差異介紹，並透過節慶的穿著，看出傳統漢人儀式在清朝台灣漢人社會的影響。

清朝文青你敢嘴？

有錢有權，

書讀得還比你好的台灣仕紳們

瓜皮帽

原身為明朝的「六合一統帽」，之後在清朝廣泛流行。清朝的剃髮留辮與以往戴冠結髻的漢人不同，也造成了清朝漢人男性戴帽的風氣。

結子

紅絲絨製成的帽頂，黑白色為喪事所戴。

馬甲（坎肩）

套在長袍之外的背心，通常會比長袍顏色更深一點。

長袍

清朝出現的服裝，通常是較為正式的場合穿的，一般忙於勞作的民眾則較少此類衣物，也成為了仕紳或商人的代表服裝。

開衩

長袍左右兩側開衩，為防走光，裡面會加穿「腿褲」。

雲紋烏布鞋

富貴人家的雙層底鞋，還有祥雲紋裝飾。

瓜皮小帽，馬甲長袍，清朝仕人鄉紳的流行穿著

「仕紳」通常是地方上具有科舉背景，並且商業上也有一定勢力的家族。日本統治之初，許多管理治安的行為都是由地方仕紳領導，可以說是當時的菁英階級，既能從商也能文青。

本篇人物畫像所參考的照片「林維朝」秀才，是新港的仕紳之一，除此之外他還是林懷民的曾祖父，在日治時期參與過嘉義的政治事務、籌組過詩社，是當時新港的奇男子之一。

一般常說「長袍馬褂」，總覺得長袍應該就是要搭配褂類的衣物。然而，當我們在查閱清末台灣老照片時，大部分的搭配為「長袍」與「馬甲」，反而馬褂的搭配更常出現在日治時代初期，且大多為已經順應現代化潮流，剪短髮的仕紳所穿。

不管是馬甲或馬褂，通常是正式場合的穿著，一般忙於勞作的民眾則較少有此類衣物，因此也成為常出入風雅場所的仕紳或商人的代表服裝。

清朝時因剃髮留辮，與以往戴冠結髻的漢人不同，也造成了清朝漢人男性戴帽子的風氣。林維朝頭上戴的「瓜皮帽」，原身為明朝的「六合一統帽」，之後在清朝廣泛流行。因為從上往下看為六瓣，又貌似瓜皮，因此稱為「瓜皮帽」，也稱為「小帽子」。而瓜皮帽頭上的那個小圓球叫做「結子」，通常由紅絲絨製成，黑白色則是喪事所戴。

「馬甲」，簡而言之是套在長袍之外的背心，通常顏色會比長袍來得更深一

林維朝秀才。（《林維朝詩文集》書影）

些，在原照片中林維朝秀才的馬甲上面還有團形織紋，頗為精緻。

「袍」，是清代普遍的服飾之一，可以日常穿著，也可以作為禮服。一般的長袍都會在左右開兩衩，像是圖中端坐的林維朝就是開兩衩的長袍。長袍內通常又會穿著「腿褲」（夾套褲），以防走光。

照片中引人注目的還有林維朝秀才的烏布鞋，從厚度來看，應該是雙層底鞋，以棉布或綢緞製成，上面的祥雲紋可見此鞋除了護腳以外，還有美觀的功能，可以說是經濟有點基礎的人家才能穿著的鞋。

風花雪月之後

在戰爭還沒來到台灣之前，大部分的仕紳只隱隱感受到遙遠的「唐山」正面臨著什麼，吟詩的人仍然在吟詩，賞月的人仍然賞月。

然而時代的劇變總是猝不及防，在乙未割台之後，少年的林維朝遠渡原鄉東山縣，只求避開一切紛擾，然而過不了幾年，「唯懷鄉心切」，他仍然是回到台灣這塊土地。

林維朝前後擔任過街莊長、嘉義廳參事、嘉義銀行的董事長。面臨日本政府的統治，過往的漢文教育逐漸式微，但他仍然不顧官方壓力，堅持在怡園開館，教習漢文，並聯絡新港文人，在一九二三年組成鷇音吟社，藉詩文之唱酬以延斯文一脈。

經歷過半生動盪，不知道他是否會懷念少年時期，那些懵懂而浪漫的日子？但即便是乍看微弱的文字與藝文，那些努力與堅持，也在大時代中綻放出自己的光芒。一如在這個令人不安的現在，也一直有人用自己堅定而溫柔的力量，讓這個世界一天天往好裡走去。

米黃絲質緹花大襟男長袍。（國立臺灣歷史博物館提供）

佃農剝削剝起來

外國人照片中的清朝農人

布扣

傳統的布扣以繩結串製而成，用以固定領口與衣服開襟處。

辮子

清領後期的民眾已有留辮習慣，為了防止辮子在工作時妨礙到行動，因此盤至頭頂。

布帶

除了褲間的腰帶以外，上衣外還會再繫上一條布帶，防止下襬掉落。

大襟衫

勞動民眾的工作服通常會是方便的背心，或大襟衫。末年間流行的領子大約高一公分。

赤腳

在水田裡的農作通常會赤腳。

水褲

同樣為大襠褲的一種，為了勞動方便裁織成短褲形狀；別稱為「水褲」。

辮子纏頂、水褲赤足

一如所有年代的勞動人民，服裝都是以方便，不妨礙工作為主，台灣農民服裝材質通常為散熱耐磨的麻布或鳳梨布製成（冬天則為棉布）。

不同於清初時期大部分看到的工人畫像將餘髮綁成「椎髻」，清領後期的人民已將辮子留起來了，為了防止辮子在工作時妨礙行動，因此盤至頭頂。

清朝漢人男性的正裝仍為長袍、馬褂或馬甲，並於長衫內加穿腿褲防止走光，但勞動民眾的工作服通常會是方便的背心，或是人物像中的短衫，也稱為「大襟衫」。大襟衫是開右襟的上衣的通稱，徐珂《清稗類鈔》：「俗以右為大手，故名右襟為大襟。」在清末年間時，民間流行的大襟衫領子大約高一公分，扣子則是傳統的布扣，以繩結串製而成。農人的腰間也會繫一條布帶，以防衣服下襬在農忙的時候滑落。

農人穿著的褲子同樣是「大襠褲」（又稱大襠褲），褲型寬大、襠部寬鬆且易於行動，但為了勞動方便，還會裁織成短褲，又因台灣天氣潮濕，農作時常有沾濕弄髒褲子的情況，因此有「水褲」之稱。

佃農剝削剝起來

一八六〇年後，台灣由於天津條約的簽訂，迎來了清朝統治以來首度的開港。不只貿易有了新風貌，一些傳教士與旅行家，也帶著剛發明的照相機，來到台灣留下許多珍貴的影像。

馬偕於武暖教會所攝，右四男性將辮子盤於頭上。（馬偕攝影，真理校史館提供）

雖然當時的照片數量不多，而且不是官方資料，因而散落各地，但寫實的記錄特質，使得當年代的樣貌能夠更好的被後人想像。比如來台灣傳教的馬偕（George Leslie Mackay），他除了是一名行醫的牧師之外，也留下了不少攝影作品。本篇人物圖像像所參考的照片，便是馬偕牧師於武暖平埔教會拔牙的照片，該社雖為噶瑪蘭族部落，但服裝大部分已漢化，且與同時代的拍攝農民的作品服裝吻合，頗有參考價值。

清領時期，台灣的土地制度是採三階層的「大小租戶制」，也就是除了直接取得清政府執照的「墾首」以外，下面還有承租的大租戶、小租戶等，就像現代的「二房東」。這樣層層分割轉租的結果，最底層的農民便淪為佃農，必須負擔大租、小租、田賦的三層剝削。

而原先擁有土地的平埔族群，也因為清廷開放漢人開墾平埔族的領地，使得許多漢人利用入贅、交換或欺騙的方式來獲得土地，這也直接或間接的造成了平埔族群的消失。

南部客家婦女

低調華麗的禮服

三把頭

傳統南部客家已婚女子的髮型。將頭髮分成前、中、後三束，再將三束紮一起。

金屬扣頭

在布扣上安裝金屬或玻璃扣頭，作為禮服裝飾。可以自由拆卸。

闌干

顏色鮮豔的織帶，鑲在領口與反袖口袋作為裝飾，有時會有花紋。

反袖口袋

把袖子做得比手臂長，穿著時反摺固定，形成一個「口袋」。富貴人家會以金別針裝飾固定。

藍衫

以大菁重複染色而成的藍黑色布料所製的衣衫。

大襠褲

客家女子服裝下身多為褲類。

前襟反摺

把前面的布反摺進褲腰，可以作為口袋使用，只有喪事時才會放下。

翹鞋

前方翹起的鞋子，客家禮服的鞋子通常是全身繡花最華麗處。

大襟長袖的節儉，袖口闌干的低調華麗

客家服裝大致可分為「北部客家」與「南部客家」。北部客家多在桃竹苗一帶，而南部客家則是分布在高屏六堆地區。北部受到閩籍影響較深，在配色與緄邊上更來得鮮豔奪目，而南部客家則因為地形阻隔，保留原鄉特色。

南部客家族群的服裝裡，又以「藍衫」最有代表性。

藍衫的「藍」是用大菁所做的藍靛染成，要重複染上八到十遍才能有如今的藍色。隨著工業化發展，如今藍衫的藍布大多用進口便宜耐磨的「士林布」代替，但不變的是仍以藍、黑、深紫等深藍色系布料製成，也形成了「藍衫」的印象。

在衣服形制上，傳統南部客家藍衫有三個：長衫、大襟、長袖。「長衫」是指藍衫衣長超過膝蓋，客家婦女服裝遵循「行不露臀」的規則，衣襬長度至少會蓋過臀部，開衩也較高。平常會將前襬反褶進褲腰裡面（前襟反摺），也可以形成一個放東西的空間。只有在家中有喪事、拜佛時才能放下。

「大襟」，指的是藍衫胸前的開襟方式，「以右為大手，故名右襟為大襟」，也就是右襟；而「長袖」，就是客家藍衫中最明顯的特色「反袖口袋」。客家藍衫的袖子會比手臂更長，穿著時把它反摺，用別針固定，就可以形成一個放東西的口袋。

清代台灣的服裝，大部分有禮服（盛裝）與日常服裝之分。雖然南部客家族群不管盛裝或日常服，都以藍黑色的布料為

01

02

01 黑棉質大襟客家女衫。（國立臺灣歷史博物館提供）

02 花紋精美的客家禮服「翹鞋」。（翻攝自臺灣客家文化館——客家織品服飾美學特展）

花紋織帶處就是只有當反摺袖口時才會看到「闌干」。
（翻攝自臺灣客家文化館——客家織品服飾美學特展）

底，但相較於勞動服裝多為耐磨布料製成，客家的禮服則透露著低調華貴的設計，用一些細節表達對主人的尊重。

像是客家禮服的袖口、領口，會鑲上水藍色或桃紅色等顏色鮮豔的織帶，被稱為「闌干」。客家闌干不像閩南的緄邊那麼搶眼奪目，通常作為點綴裝飾。鑲上闌干時，則有一部分鑲在袖口內部，當反摺成口袋時才會露出來。若是遇到喪事，則會放下口袋遮住闌干，以示哀悼。

如果家境較好的禮服，固定住反袖口袋的別針還會做成金蝴蝶或是其他的金製裝飾。除此之外，在參加節慶或宴會時，客家婦女還會在布扣加上金屬的扣頭，作為禮服的裝飾。

在下半身的部分，客家女性即使是禮服也大多是搭配褲子，而最常穿的就是寬鬆的大襠褲，有些會遮住腳踝，有些照片則是在腳踝上方，可能隨著時期與用途會有不同的長度改變。

另外，客家婦女是沒有纏足習慣的。一般而言是穿著便於勞作的烏布鞋或草鞋，在盛裝時則會換上刺繡精美的翹鞋，作為對主人的敬重。而客家婦女在家中穿的拖鞋，也通常有精湛繁複的刺繡，可以說是低調的精美。

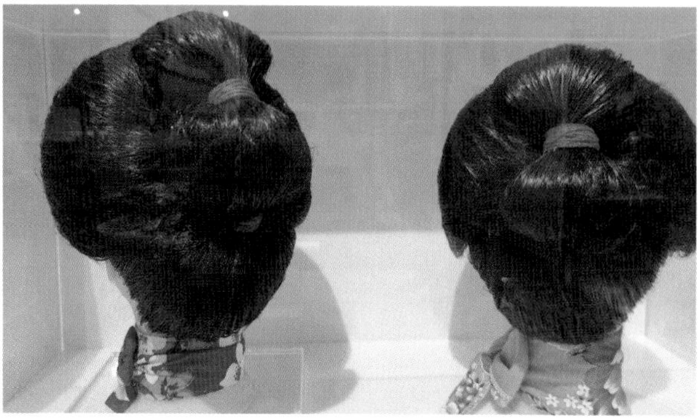

左邊為已婚婦女的「三把頭」，右邊為未婚婦女的「二把頭」。（翻攝自臺灣客家文化館──客家織品服飾美學特展）

在髮型的部分，客家已婚婦女會梳傳統的「三把頭」，也就是將頭髮分成前、中、後三束，各用紅絲線或毛線紮緊，再將三束紮一起。也會使用假髮與米類的黏製品固定住。

大菁藍靛台灣藍

雖然在提到客家人時，總是不脫「節儉」、「勤勞」等印象，但客家的服裝卻也富含智慧與巧思，用了最少的資源創造最大的美麗。不管是點綴的「闌干」、裝飾的金蝴蝶或金屬扣頭。

而客家婦女的精緻也是含蓄的，像是女子肚兜的織紋繁複而特殊、在家中穿著的拖鞋，滿是繡紋還有鑲上珠子的工藝。那是一種不為外人道的美麗，只留給自己親近的人。

隨著客家工藝多方應用在現代物品中，客家的文化也有了不同存在的形式，若有機會去高屏地區，不妨去看看客家文化吧。

米白地彩繡人物紋菱形附綁帶肚兜。（國立臺灣歷史博物館提供）

北部客家婦女

客家人也會戰南北嗎？

埒倒眉

「埒倒眉」是閩籍與客家年輕女子前髮的樣式。先把額前的頭髮打橫梳直，再用樟科植物生成的黏汁黏附。

牙子

在袖口、領口紋樣的雕飾，這裡的牙子是水波紋。

鑲緄

北部客家婦女的穿著，接近閩籍婦女的大襟衫，同樣在衣服邊緣處有鑲緄。相較於閩籍婦女，北部客家婦女的鑲緄更細緻與樸素。

客家女衫

在禮服上，不同於南部客家的「藍衫」印象，北部客家的上衣不僅限於藍黑配色，最常見的反而是白色、米色，甚至禮服還會出現桃紅、大紅色等亮麗的顏色。

大襠褲

客家女子服裝多以褲類為下身，也會搭配腰帶來固定。腰帶的內部通常做成中空的管狀，尾端打結就可以當作錢包使用。

翹鞋

客家女子的禮服繡鞋大多華麗，北部客家大多是拖鞋式翹鞋。

閩客交織，緄邊配色素衫褲

台灣的客家族群，可以簡略分為南北兩群，北部客家大多分布在桃園、中壢、龍潭、苗栗等地的丘陵一帶，也因為與閩籍族群相近的關係，服飾文化不免受閩南人影響。

雖然北部客家婦女的平常服裝大多單純簡便，但在禮服上，不同於南部客家的「藍衫」印象，北部客家的上衣不限於藍黑配色，最常見的反而是白色、米色，甚至禮服還會出現桃紅、大紅色等亮麗的顏色。

北部客家婦女的衣襬長度，雖然可以長到蓋住臀部，遵循客家族群「行不露臀」的標準，但仍比南部客家婦女來得短，穿著時，也不用反摺塞回褲腰內。

北部客家婦女的穿著，更接近於閩籍婦女的「大襟衫」，同樣在衣服邊緣處有鑲緄（但相較於閩籍婦女，北部客家婦女的鑲緄則較細緻而且樸素），而袖口或是鑲緄的旁邊，會使用「牙子」繡出如意紋、水波紋等。南部客家婦女低調的「闌干」裝飾，或是只有反摺袖口時會出現的「反袖口袋」，也大多不出現在北部客家婦女的上衣裡面。不同的地方還有扣子，南部客家婦女的上衣多使用布扣，只有在出席正式場合時，會裝上金屬扣頭以示尊重；但北部客家婦女的禮服扣頭是無法拆卸的，若使用金屬扣子，則是套環或是掀扣的直接固定裝置，好一點的人家甚至會使用金、銀等名貴金屬來製作。

但不管南部客家婦女或北部客家婦女，即使是禮服盛裝，下半身仍舊以褲子為主。清朝流行的褲子大多是平面裁縫的「大襠褲」，因為襠部寬大，也會搭配腰帶固定。腰帶的內部通常做成中空的管狀，尾端打結就可以當作錢包使用。

客家婦女的禮服中，最不顯眼、卻也最具靈魂之處，就是那一雙繡鞋了。客家婦女沒有纏足習慣，也崇尚勞動，平日鞋子大多是草鞋或赤足；只有在出席正式活動時才會穿布製鞋子；又因為鞋頭翹起，稱為「翹鞋」。

客家婦女的翹鞋分成兩種，一種是南部客家婦女的包鞋式翹鞋，而北部客家婦女除了包鞋式翹鞋外，還有拖鞋式翹鞋（有些類似如今的「勃肯鞋」），繡花通常大片且有象徵寓意，像是富貴的牡丹、長壽的烏龜、喜鵲梅花等。

粉紅棉質大襟挽袖客家女衫。（國立臺灣歷史博物館提供）

樸拙而精緻的美麗——「線花」

北部客家有一門精緻的工藝，叫做「線花」，是以絲線纏繞紙片，並用鐵絲彎曲做成的工藝品，閩南人稱這種工藝為「纏花」（春仔花），而金門人稱為「吉花」（吉仔花）。不同於其他族群在節慶或裝扮時使用它，北部客家人可以說日常生活都可以看見線花的存在。

傳統的客家習俗中，結婚期間新人的「新房」需要裝飾，好讓親朋好友來參觀，因此新娘會繡製許多精美的繡品裝飾新房，表現自己的女紅技巧。

這時線花就派上用場了，許多掛飾都是刺繡搭配纏花來展現，這樣除了平面的刺繡外，更多了幾分立體的美感，例如宮燈、掛飾，常常是客家新娘巧手繡製的嫁妝。

除此之外，客家線花不只在婚禮出現，像是「桌供」，就是客家廳堂常見的供品。「桌供」通常是兩個一對的簡單四方形木箱，正面與兩側罩上玻璃片擺放在廳堂的供桌上，內部放置利用纏花技巧做出花蕊、蝴蝶、枝葉等，搭配鐵線或銅絲纏繞的綴珠或摘綾的花蕊、花心、昆蟲觸鬚等裝飾，整體顏色豔麗、繁複熱鬧，是一件非常需要製作者巧思的工藝品。

客家線花的製作方法是用綢絲、繡線，在剪好的紙片上，纏繞出各式物件，然後搭配鐵絲，組合成花卉、蝴蝶、蟲獸等造型。雖然並不算太難，所花成本也不多，但非常需要耐心，也需要一雙靈巧的手。

線花的多方運用，可以說是北部客家人在資源匱乏的環境下，利用身旁物件最大限度裝飾家房的智慧。

閩籍婦女的褲裝新潮流

古代的髮箍又長怎樣呢？

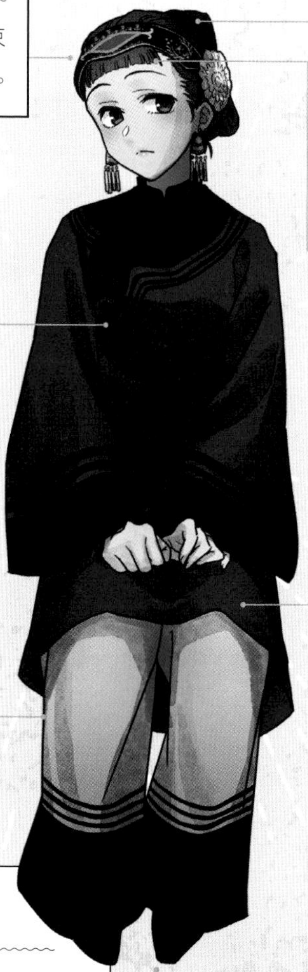

眉勒

戴在額頭前的裝飾，具有束髮、裝飾、護耳防寒的功能。

麵線紐

將頭髮如麵線繞曲梳紮於腦後，較流行於中南部地區。

緄邊

在衣服邊緣鑲上一種裝飾帶狀物，隨著時間有不停的流行變化，此時相較清領中期更寬大。

鉸剪眉

也就是用剪刀剪到眉上的髮型，也就是現代的瀏海，通常是未出嫁女性前髮的樣式。

褲

同治、光緒年間，閩籍婦女也流行穿褲。通常盛裝上下會是一套，因此褲管的底部同樣有黑色的鑲邊與三條紋路。

大襟衫

清領後期的台灣閩籍女裝，形制與清領前期的大襟女衫大致相同，隨著時代有各種長短樣式不同的流行。

弓鞋

閩籍婦女多有纏足習慣，一般裹小腳女性穿的鞋子稱為「弓鞋」，也因為纏足不便移動，傳世照片多為坐姿。

開始流行的褲子與大襟衫潮流；眉勒，清代婦女的髮箍

清領後期的台灣閩籍女裝，形制與清領前期的大襟女衫相同，但當時服裝就如同現在時裝潮流一樣，會隨著時代有各種長短樣式不同的流行。

像是清領後期的女衫袖口就相較前期的窄，除了從傳世的文物可見端倪以外，日治時期創辦「吉見女子裁縫學園」（今台北市私立金甌女子高級中學）的吉見まつよ女士，就在〈服裝解說（晴著上衣）〉一文中記錄道：「一八七〇年到一八八〇年間，台灣女性盛裝的上衣流行，袖寬約一尺五、六寸（約四十五公分）；到一八九〇年至一九〇〇年間，袖口稍變窄，約為一尺左右（約三十公分）。」

隨著時代改變的還有大襟衫衣緣的鑲緄，雖然清末袖口相較於清領前期來得窄，但衣服邊緣的鑲邊卻比清領前期來得更寬大。像是後頁圖中國立臺灣歷史博物館藏的「藍絲質緹花立領鑲緄大襟女衫」，雖然整體樸素，以藍色為底，黑色為配色，沒有刺繡，只用簡單的幾何紋樣在衣服邊緣裝飾，但衣服的鑲邊接近十五公分長。

在下身服裝的部分，前面關於客家女衫的介紹中有提及，客家女性通常以褲裝作為盛裝禮服的下身裝束，但閩籍女子盛裝仍然以衫加裙為主，勞動時才穿衫、褲；直到同治、光緒年間開始流行褲子的盛裝搭配。通常盛裝上下會是一套，也就是袖口的鑲飾會與褲子一致，因此褲管的底部同樣有黑色的鑲邊與三條紋路。

台灣農村少女。（國立臺灣歷史博物館提供）

但即使閩籍女性已經開始流行褲裝，裙子仍然是主流之一，在製衣技術發達的清末時期，傳統的「馬面裙」，也衍生出各種變換的華麗形式，比如「魚鱗百褶裙」，在裙上打上大量密集的褶子，走路時會撐開，就像魚鱗一樣，非常華麗；或是「色仔裙」（月華裙），用各種不同顏色的鮮豔料布拼接而成，多彩繽紛。

人物像中，女子的髮型分為「前額」、「髮髻」兩個部分，前額叫做「鉸剪眉」，白話點是用剪刀剪到眉上的髮型，也就是現代的瀏海，通常是未出嫁女性前髮的樣式，但比較特別的是，那個年代的瀏海不只剪得平齊，還有誇張的圓

01

02

03

01 | 繡花肩勒。（國立臺灣歷史博物館提供）
02 | 藍絲質緹花立領鑲緄大襟女衫。（國立臺灣歷史博物館提供）
03 | 當時中上階層女性也流行打褶的馬面裙，像這件淺紫緹花百褶裙便是其中之一。（國立臺灣歷史博物館提供）

《台灣風俗志》中記錄的髮髻「麵線紐」。

弧狀；而髮後稱為「麵線紐」，將頭髮如麵線繞曲梳紮於腦後，是八歲到十四歲女孩愛梳的髮型，較流行於中南部地區。

額上的裝飾，叫做「眉勒」，不管是閩南或客家女子都有佩戴的習慣，通常兩端寬大可以護住耳朵，中間則縮窄以免擋住視線，後端則有細繩可以綁在腦後。

戴在額前不只可以固定頭髮、裝飾，天冷時也可以護住耳朵防止寒冷；在樣式上，年輕女子用的叫做「春眉」，刺繡華麗，用色也較為鮮豔；老婦多戴青、黑素色眉勒，稱之為「烏巾箍」。

閩籍婦女多有纏足習慣，一般裹小腳女性穿的鞋子稱為「弓鞋」，俗稱「三寸金蓮」，因為搭配盛裝的服飾，也有許多刺繡裝飾。也因為纏足不便移動，因此傳世照片多為坐著的姿勢。

裹小腳女性所穿的弓鞋，現藏於法國 Saverne 市立博物館。

彷彿穿越小說裡的奇女子——黃阿祿嫂

在提及古代女子時，大多浮現的都是古典婉約的大家閨秀，但在十九世紀中的台灣，艋舺卻出了一位在商場叱吒風雲的奇女子。

艋舺地區有一句話說：「第一好張德寶；第二好黃阿祿嫂；第三好馬悄哥。」這三好，指的是艋舺三大富商。

黃阿祿嫂據說原名為「莊斗娘」，而丈夫黃祿則是開設「料館」，專門承攬木材和樟腦的買賣，在丈夫過世後，因為七個孩子皆未到可繼承家產的年紀，於是黃阿祿嫂突破時代的眼光，以一個女子的身分拋頭露面，甚至親自上山去挑選木材，用她的專業判斷與領導能力，獲得員工的信任，並且最後取得了極大的商業成就。

除此之外，也許是因為一生辛苦，所以她也樂善好施，慷於解囊，比如料館中奉祀的媽祖神像，因為靈驗而遠近馳名，於是她就將料館讓予媽祖，在地方上興建「啟天宮」，她也被稱為「艋舺大檀越」。

雖然黃阿祿嫂並非典型閩籍女子的形象，甚至無法確定其族群背景，但其精明果敢、堅忍伶俐，都是那個保守的年代裡，極為亮眼的一道光彩，因此即便這位奇女子並不被記錄在任何教科書中，我們也想藉著這一件服裝，來談談她的一生。

畢竟所謂美麗，從來不只有皮相衣著，還有心靈與內在，這是不管古今中外皆同的道理。

清領童裝

雖然你是個屁孩，

還是希望你福氣又安康

和尚衫

清代之後，交領的上衣較為少見，但道士與和尚的服裝仍然維持明代形制，久而久之，這類交領的服裝包含童衫都被稱為「和尚衫」。

風帽

後緣較長，可以披在頸部，阻擋風寒，適合脖頸已經生長完全、年紀較大的孩童佩戴，並且裝飾華美，有各式象徵吉祥或驅邪的繡紋。

童鞋

與童帽一樣，多有精美且具有吉祥寓意的花紋。

童褲

幼童穿著的褲子多為露出襠部的開襠褲或露出臀部的蛙褲；年紀較大後才會開始穿襠部閉合的褲子。

舊童衣討吉利，公雞與虎頭的驅邪象徵

在醫學不發達的年代，嬰幼童的生命非常脆弱，也因此衍生出了許多習俗與圖騰，透過信仰的力量為孩童驅邪、祈福。

兒童的童衫，又被稱為「和尚衫」。在清代之後，受到滿人「剃髮易服」的政令影響，大部分的服裝都改為清制裝扮，像是有著ㄏ字領的大襟衫，或是長袍馬褂等等，明代的交領右衽繫帶上衣也逐漸式微。但這項政策有幾項特例：「儒從而釋道不從」、「老從少不從」；也就是說，小孩、出家人、道士不需要遵從這項規定，也因此道士與和尚的服裝仍然維持明代時的服裝形制，久而久之，這類交領的服裝都被稱為「和尚衫」，幼童穿的童衫也是如此。

因為小孩容易受風寒，所以「童帽」也是清代台灣服裝文物中，最精巧、最有特色的配件之一。

童帽大致上可以分為幾種：短圈、碗帽、風帽、狀元帽、公雞帽等。「短圈」就像是婦女的「眉勒」，戴在額頭一圈；「碗帽」則像碗一樣，罩在孩童的頭頂，因為嬰兒的囟門尚未閉合，所以額頂會刻意做得比較軟。

此篇人物畫像中所呈現的是「風帽」，也叫「軟秋帽」，是許多童帽的原型。風帽的後緣較長，可以披在頸部，阻擋風寒，適合脖頸已經生長完全、年紀較大的孩童佩戴。除了保暖以外，童帽精美的刺繡也有保佑孩童的意涵，像有虎頭（威猛，保護孩童）、公雞（加冠晉爵）、蝴蝶（福氣）、蝙蝠（福氣）、八仙、福祿壽等等。

黑地彩繡盤長花卉紋風帽。(國立臺灣歷史博物館提供)

而公雞帽、狀元帽、虎頭帽這類的童帽，則是以形狀與圖騰來命名。「狀元帽」顧名思義是做成官帽形狀，也叫做「唐脊帽」；「公雞帽」，則是兩端有公雞爭鳴的樣子，這兩種大多是儀式時的象徵佩戴。

雖然帽子的名稱分為好幾種，但現存的清代童帽時常有好幾種混合的形式，例如做成風帽形式的虎頭帽，或是有著公雞圖樣的碗帽等。

在早期台灣，為嬰兒「做頭尾」也是一個很重要的習俗，也因此頭部的童帽配件精美，童鞋也不遜色；如人物像中這雙虎頭鞋，不只用「虎」的象徵來為孩童趨吉避凶，還加上了長長的流蘇作為鬍鬚。

在褲子的部分，兒童的褲子隨著年齡有不同的樣式，像是四個月到兩歲之間，因為還沒有辦法控制大小便，所以會穿著露出臀部的「蛙褲」；兩歲到五歲開始有辦法表達大小便的想法，遂改穿露出襠部的「開襠褲」；六、七歲後才開始穿普通褲子。在裝飾上，一如全身上下服裝的圖樣都有背後的吉祥寓意，這件褲子也刺上了彩鳥與牡丹，並且底端加上了如意紋的緄邊。

鴟鴞，飛上山，囝仔快做官

早期台灣嬰兒剛出生時並不會幫他洗澡，而是用麻油擦拭身體，並用父親或家中長輩的舊衣服將他包裹起來，希望長輩的福氣能夠透過衣服保佑孩童。等到出生第三天，家族才會為嬰兒洗澡，並在洗澡水中放入桂花葉（象徵富貴）、柑橘葉（吉利），還有一顆圓潤的石頭，為嬰兒「做膽」，這套儀式稱為「三朝禮」。

三朝禮後，家族長輩才會替幼童換上新衣服；而在嬰兒每次儀式時，娘家會送來一套從頭到腳的精美衣物，稱為「做頭尾」，代表孩童長大後會成為「有頭有臉」的人。做頭尾的禮品中，又以滿月與周歲的服裝最為貴重，帽子、鞋襪、衣服、尿布、包巾、棉被、背巾、金鎖、手鐲等都要準備。

在滿月當天，家族長輩會把嬰兒抱到門外，讓嬰兒看看外面的世界，並用竹竿敲打地面，念著：「鴟鴞（老鷹），飛上山，囝仔快做官！鴟鴞，飛高高，囝仔中狀元！鴟鴞，飛低低，囝仔快做爸！」

對於漢人而言，兒童的衣服不只是保暖的服裝，更是包含了整個家族的期望與平安的念想，這也是為什麼孩童的衣服總是特別精美的緣故。

嫁衣

大紅蓋頭喜嫁娘，

清代台灣新娘禮服

鳳冠

原為明朝命婦禮服，後演變為婚服。傳統命婦鳳冠大多以「點翠」裝飾，台灣的結婚鳳冠文物則常以合金製成。

珠簾

除了出嫁時會披上大紅蓋頭以外，鳳冠上還會垂有遮住臉部的珠簾。

雲肩（響肩）

圍繞於頸部披於肩頭的飾品。新娘雲肩掛有鈴鐺，又稱「響肩」。

劍帶

劍刃形的繡帶，出嫁時除了在雲肩的尾端加上劍帶以外，新婚時的紋帳上也會掛上劍帶作為裝飾。

馬面裙

女子禮服的一種，婚服多為正紅色，裙正中繡有吉祥紋樣。

蟒袍

原為明代命婦禮服，由「借服」習俗演變為新娘禮服。在資訊不流通的時代，蟒袍常以類似戲服的樣式作為結婚禮服。

紅靴

新娘的鞋子是正紅色的紅靴，婚禮後就不會再穿著。

珠簾鳳冠披響肩，九品命婦的蟒袍是怎麼變成新娘禮服的？

出生、結婚、死亡，是傳統漢人的人生大事，因此婚禮被賦予重大的意義，衍生出繁雜的儀式，而新娘的婚服更是包含了兩個家庭的期待，通常會是清領台灣女性這輩子打扮最莊重華麗的一天。

在清領末年到日治時代，攝影技術並不發達，能夠以照片流傳下來的，大多是富貴人家的婚禮。相較於平民百姓自己裁製紅色大襟衫作為婚服，富貴人家的女子則大多穿著繁複，也就是人們常聽說的「鳳冠霞帔」。

傳統漢人女性的婚服，是由明朝時「命婦」的禮服演變而來。「命婦」通常是官員的妻子，隨著官員等級不同，命婦也分為九品，雖然沒有實權，卻是一種朝廷誥封的榮譽爵位。

雖然民間女子擅自穿著「命婦」的禮服，是一種違法的僭越。但明清朝廷允許民間婚禮時，女子可以向最低品級的九品命婦「借服」，也就是即使不是命婦，仍可以僭越階層，使用命婦禮服作為婚禮時的正裝。

命婦的禮服主要分為三個部分：鳳冠、蟒袍、霞帔。然而在時代與階層的隔離下，雖然婚服仍然有著與命婦禮服一樣的名稱，但已有許多不同，甚至只是樣子類似，以及保有儀式上的名稱。台灣地處偏遠，因此除了長年來往於中國的官員家族以外，許多富貴人家的婚服雖然富貴，但更像是戲曲的樣式。

傳統命婦鳳冠大多以翠鳥羽毛的「點

翠」作為裝飾，幾朵花、幾隻鳳都有嚴格的規定。然而，在台灣的結婚鳳冠文物中，鳳冠大多以合金製成，做成類似戲曲「盔頭」的形式，雖有如意紋、蝴蝶等吉祥圖樣，有時頂端有繡球點綴，額前垂掛珠簾。如今許多神像的鳳冠，也可以看見許多清朝台灣對於「鳳冠」的想像。

命婦的禮服又被稱為「蟒袍」（蟒衣），是一種正紅色，繡上四爪蟒與各式吉祥圖騰的紅色圓領袍，衣服下襬有象徵統一江河的「立水紋」。下裙則是清代台灣女子禮服最常見的「馬面裙」，通常是正紅色的，正中間的裙門（也就是中間的「馬面」）與下襬也有緄邊與繡飾。

「鳳冠霞帔」，「鳳冠」指的是頭頂的禮冠，那「霞帔」是什麼呢？

「霞帔」，在明代是一種披在肩上的長條織帶，隨著品級的不同，織紋與尾端的吊墜也不一樣；到了清代時，則演變成一種長背心，中間有品級的織紋補子，邊緣鑲有金邊。民間的婚服，通常是蟒袍外還披有霞帔，外面再套上雲肩。

平民百姓的出嫁婚服，大多是用粉紅或正紅的大襟衫加上顏色鮮豔的裙子。（桃紅絲質高立領大襟女衫，國立臺灣歷史博物館提供）

1912年4月27日，板橋林家林祖壽與清水蔡蓮舫女兒蔡嬌霞的結婚照片，穿的是傳統的漢式鳳冠霞帔。（中央研究院台灣史研究所檔案館提供）

台灣的婚服照片中也有「霞帔」，但大多是官府家眷出嫁時才使用。大多數台灣的照片或是文物，也許是因為時代與地域的相隔，時常將「雲肩」等同（或誤認）為霞帔。只是婚禮的「雲肩」尾端，要再加上鈴鐺，被稱為「響肩」。

雲肩的尾端還會加上兩條「劍帶」，劍帶是一種上窄下寬，像劍刃形的繡帶，出嫁時除了在雲肩的尾端加上劍帶以外，新婚時的紋帳上也會掛上劍帶作為裝飾。

新娘的鞋子大多是正紅色的紅靴，婚禮後就不會再穿著，直至死亡時才會跟著入棺下葬。

偷挽蔥，嫁好尪

對於早期傳統社會下的女性而言，婚姻生活幾乎決定了後半輩子的人生，若是能擁有一段美滿的婚姻，幾乎可以說是那個年代女性的幸運。

清朝台灣女子在出嫁之前，會先需要經過「挽面」開臉；盤上「龜式包頭」，插上匙仔針與春仔花；內裡的衣服，要穿著由家中德高望重長輩所裁製全白衫褲，以示貞節，外面再穿上婚服。

而穿戴鳳冠、婚服、霞帔，除了是婚禮的吉祥習俗以外，更是一種身分上的象徵。只有正室妻子的嫁娶婚可以戴鳳冠、行六禮，妾室是沒有這個資格的。也因此隆重繁華的婚服婚禮，不只是兩個家族的祝福，其中聘金與嫁妝、頭銜與派頭，更是水面下隱然的角力戰。

女子的婚服，在出嫁之後便不會在日常穿著，直到下葬時，才會穿於壽衣底層，代表「有始有終」。

而這件新娘袍，就這麼觀望了她的一生。

02

01

04

03

01 | 頭頂的傳統鳳冠樣式。（明代孝純皇后半身像，現藏於國立故宮博物院）

02 | 新豐庄徐慶瀾舉人宅清代新娘鳳冠。（國立臺灣歷史博物館提供）

03 | 台灣漢人蟒袍婚服。（翻攝於臺灣客家文化館——客家織品服飾美學特展）

04 | 明代孝安皇后半身像，肩上的披帶就是「霞帔」。（現藏於國立故宮博物院）

清法戰爭西仔反

鎮海台勇士兵

包巾

台勇兵頭頂的布巾大多與衣服同色，裹住頭髮以免掉落影響戰事。

親勇

意即「土勇」，與湘軍及淮軍一樣，大多出自於地方招募民兵訓練而成的部隊。

如意紋

類似緄邊的設計，但更單調，取其吉祥如意的象徵。顏色也是以便宜的藍黑染料為主。

號衣

形制上與淮軍的圓領窄袖衫相同，但相較正規軍隊，編制與裝飾較少，是種只寫上營區、兵種的簡單制服。

草鞋

以稻草或藺草編織而成的鞋子，便於行軍。

水褲

為了勞動與戰爭方便，因此裁織成短褲形狀；別稱為「水褲」。

滬尾土勇的號衣，在台灣開打的越南戰役

清法戰爭，又稱「中法越南戰爭」，是清國與法國為了爭奪越南藩屬權而引發的戰役。這場清法戰爭，兩國除了在越南開打以外，為了奪取台灣海峽的海權，法國也派出了海軍剿滅福建與南洋水上部隊，占領了基隆與澎湖，在淡水展開殊死戰。

清代原先正規的兵種分為「八旗」與「綠營」，在台灣駐紮的軍隊隸屬於「福建綠營」，然而在太平天國期間，福建綠營死傷慘重，也影響到台灣的兵力來源。因此在清法戰爭時，台灣的士兵除了有太平天國戰役後興起的「湘軍」與「淮軍」以外，還有不少台灣臨時招募的民間武裝部隊「土勇」，也就是後頁照片裡的兵種。

台灣的「土勇」與湘軍、淮軍一樣，大多出自於「團練」，也就是由地方招募來的民兵訓練而成的部隊，因此在軍服上也奠基於湘軍與淮軍的基礎。只是土勇並未像湘淮軍一樣有明確的編制，軍服也更加簡陋。

淮軍的士兵通常頭頂會包裹布巾，穿著紅或綠色的圓領窄袖衫，外面再套上有標示兵營圓形補子的馬甲（無袖背心）；或是直接在窄袖衫的前胸與後背鑲上標示兵營的圓形補子，腳穿布鞋。

而台灣的勇營（土勇），穿的衣服又被稱為「號衣」，形制上與淮軍兵符相同，但不同的是，號衣大多是用便宜的藍色顏料作為衣服邊緣，也不會有胸前的圓形補子，而是直接書寫上屬於某營、某隊的編號。像是照片中陳輝煌的勇營，就是

直接寫上大字「鎮海台勇」「親勇」。

台勇兵頭頂的布巾大多會與衣服同色，下身穿著「水褲」（短褲）。鞋子則不同於其他軍隊，勇營的士兵大多穿著便宜耐磨的草鞋。

陳輝煌（中）與站在兩旁的鎮海台勇兵。（馬偕攝影，真理校史館提供）

西仔反神蹟戰與加禮宛哀歌

一八八四年法軍在淡水的登陸戰，可以說是台灣破釜沉舟的決戰。因為若是攻下淡水，不只在海上消耗的軍糧可以得到補充，沿著淡水河甚至可以長驅直入到台北城。

最後清軍與台灣的土勇，透過戰術與地理位置，成功打贏船堅砲利的法國海軍，使這場戰役不只成為清法戰爭的轉捩點，更是清朝末年少數打贏的戰爭。這段戰役被許多淡水居民傳唱為是「神蹟」，不少淡水的廟宇都有當時皇帝頒贈的匾額。

而這張原始照片中，兩名鎮海台勇兵中間的「陳輝煌」，也是清法戰役中守備蘇澳一帶的大功臣，在戰役之後，他也加官進爵，從正四品都司銜陞為從三品游擊銜。

然而，在此六年之前，他旗下勇營曾因為欺侮加禮宛一帶的平埔族婦女，甚至殺害前來理論的族人，導致族人反抗爆發衝突，史稱「加禮宛事件」，讓撒奇萊雅族幾乎面臨滅族。當時官員夏獻綸查辦，給出的結果是：

> 「訪聞土棍陳輝煌向為該番社主謀，有從中挑釁情事，現在設法密拿……」

陳輝煌以軍紀不彰等問題被判罪，逃亡三年後，投案官府，並自請隨同「開路撫番」才將功贖罪，並隨著戰果一路步步高升。

陳輝煌在一八九〇年被授封「虎騎將軍」，近代也有改編自其生平事蹟的影劇作品，然而，擊退法軍的英雄，卻也是加禮宛人的罪人，隨著史書的傳誦，記錄著功績，也記錄著背後的鮮血。

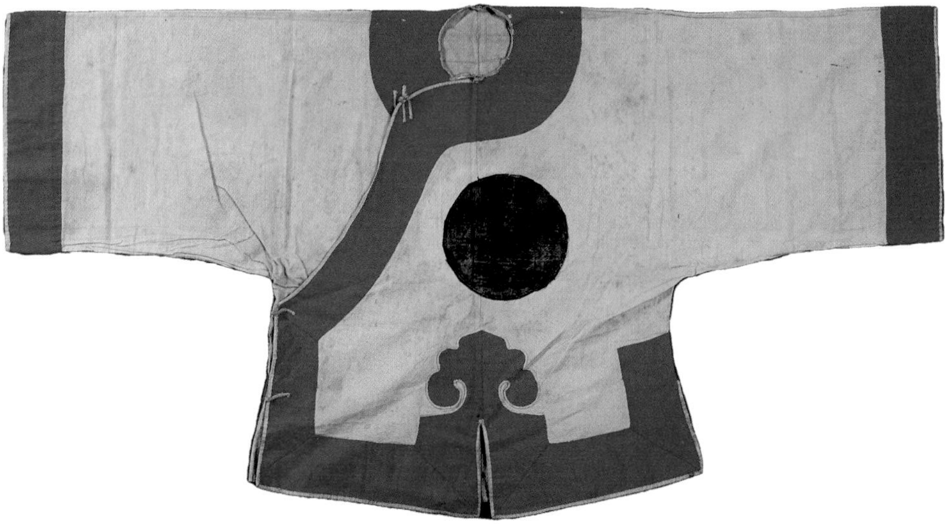

淮軍兵服上衣，與台灣土勇的號衣形制類似。（現藏於國立臺灣博物館）

CHAPTER 5

1895－1915

日治前期

什麼都混一點的年代

一八九五年，中日甲午戰爭清朝戰敗後，李鴻章簽訂馬關條約，台灣正式被清廷割讓給日本，開始了新的政權統治。在日本統治台灣的這五十年，經歷了各種流行與政策的更迭，因此我們用「始政」（一八九五至一九一五年）、「同化」（一九一五至一九三七年）、「皇民化」（一九三七至一九四五年），簡略分為為前中後三個時期，跟大家介紹日治時期的服裝穿著。

日治初期，日本政府將「纏足」、「辮髮」、「鴉片」列為台灣三大陋習，為了革除這幾樣陋習，民間也出現了像是「天然足會」、「斷髮會」等組織；這個時期開始有剪了短髮的仕紳照片傳世，也有許多剛解足的女子穿著改良皮鞋的坐像。

從身體上的改變開始，再影響衣容裝束。日治時期的台灣，是服飾最多元的一個時代，日本人帶來了傳統的和服，洋服也隨著西化政策與商業流通來到台灣。原本已經深耕社會的「台灣服」（清制服裝）更是不離民眾的生活，在這樣的背景下，三方的文化交融逐漸有了新的風貌。

這種穿著西服的現代化潮流，基本上由中上層階級的男性開始，基層男子仍是維持清領時期穿著。而由於社會風氣與教育程度不同，台灣男性與女性受到現代化影響通常相差五到十年的時間，因此這種混搭折衷的穿衣方式，男性大約流行在一九〇〇至一九二〇年間，女性大多在一九一〇甚至一九二九年代都仍然可見。

因此在這個年代，雖然男性開始出現混搭，女性大多仍維持清朝漢人服裝，但即使如此，不少上層階級的女子也接觸到了現代化的事物，有了不同的裝扮。

日治初期地方鄉紳

到底該不該剪頭髮啊？

馬褂

「褂」是清朝延至日本時代慣穿的台灣服之一。為了配合西化後的短髮，此時仕紳們的馬褂通常比清朝馬褂更為合身。

短髮

受到「剪辮」、「放足」政策影響，許多日治仕紳也剪了西式的短髮，最常見的是寸頭。

長袍

長袍是清領時期台灣常穿的服裝之一，在還不習慣洋服的日治初期，被台灣大多數男性沿用。

麥稈帽

麥稈帽是西洋帽的一種，在二十世紀初是中上階級的象徵，隨著日本人引進，也成為一時風潮。

烏布鞋

大多與長袍馬褂搭配的仍是傳統漢人布鞋。

剪不剪頭髮，這是個問題

日治初期，洋風剛吹進台灣，位於上流階層的仕紳家族也逐漸接觸到代表進步的西方文化，在還沒明定「剪髮」的年代，要不要將過去習慣的辮子剪掉，便成為他們糾結的難題。

像是豐原仕紳張麗俊，就曾經提出三點自己不想剪辮的理由：一、剪髮必須改裝，改裝要花耗衣費頗多；二、剪髮雖然可以有文明的外殼（與實際學識無關），並不會因此學好醫學；三、有人剪髮適合好看，但也有人不適合不好看，不好看會被取笑。（好實際的考慮啊！）

當然最重要的其實是第一點，短髮總感覺要搭配洋服，然而洋服在那個年代並不便宜，因此許多人便折衷剃短了頭髮，戴上西洋的帽子趕赴流行。但在服裝上，仍然穿著他們熟悉的「長袍」、「馬褂」。

「褂」是清朝延至日本時代慣穿的台灣服之一，通常做成圓領對襟，若衣長在腰際間稱為「短褂」，又稱為「馬褂」。「長袍」也是清領時期台灣常穿的服裝之一，在大腿兩側開衩，圓領偏襟加上布扣固定，由於大腿兩側開衩，下方需再搭配腿褲以防走光。

我們參考了當時一些坐像與照片，裡面常見的髮型是寸頭，因此本篇人物畫像沿用這種樣貌。為了符合短髮，通常仕紳搭配馬褂有經過一些改裝與剪裁，比原來的寬鬆更合身一點，有些模仿洋服的形制，因為既可以省下購買洋服的經費，又不至於被嘲諷為「西人首，華人足」的窘境。

除此之外，日治初期的仕紳（或中上階層男性），還會在頭上戴一頂「麥稈帽」。麥稈帽在二十世紀初是中上階級的象徵，隨著日本人引進，台灣服與麥稈帽的搭配一時蔚為風潮。除此之外，類似的草編帽也在日治時期的台灣流行（大約在一九一一年後的大正時期）。而台灣大甲生產藺草和林投纖維做的草帽及紙編帽，一八九七到一九四一年間就賣了六百多萬頂。

台灣人本來的面目

隨著時代演進與洋服逐漸流行，但原來的「台灣服」（清制服裝）卻並未離開台灣人的生活，對於仕紳而言更是。一九二〇年代，隨著各式文化運動崛起，台灣服逐漸變成一種台灣意識的象徵。

「用平常的衣服，現了台灣人本來的面目。」

這句話出自黃旺成先生的日記，一九二五年，黃旺成在看完《台灣民報》後，不滿日本政府打壓台灣文化協會的行為，因此他那天便以台灣服代表自己的立場，換掉了本來慣穿的洋服。

除了黃旺成先生以外，我們熟知的林獻堂也有類似的舉動。身為台灣議會之父，他的意識覺醒得更早，一九一〇年代後，雖然林獻堂也有西裝，但更常以長袍馬褂出席各式社交場合，像是櫟社詩會、台灣地方自治聯盟理事會、畫展等，在相片中，他往往是洋服中唯一的台灣服。

林獻堂的長袍馬褂，一方面可視為代表台灣（向日本政府爭取自決權益）的意識，另一方面是象徵對漢文化的堅持。林獻堂的台灣服，可以說非常具有在地性與文化性的象徵特質。

所以當我們看見短髮搭配長袍馬褂的照片，不見得是攝於一九一〇年代的始政時期，也有可能是在一九二〇年代左右台人意識覺醒的打扮。

在那個自由有限的年代，利用服裝和溫和的行動，去表達自身的立場，是台灣人少數可以做的事，那在這個民主的時代，知識分子擔負的責任又是什麼呢？這是人們要共同決定與面對的了。

日治時期東勢男祖先坐姿畫像。（國立臺灣歷史博物館提供）

女學生服裝

國語學校第一附屬學校女學生，
和台折衷的行燈袴

埒倒眉

把平常垂在額前的頭髮梳成橫面，並用植物黏液黏附。

蕾絲

第三高女的台籍女子大多家境優渥，裝飾也較為華麗，甚至家族有接觸外國文化的資源，加上了西式蕾絲的設計。

大襟衫

不同於清領時期的大襟衫，日治時期的大襟衫常用洋布裁成，也更為貼身。相較於清領後期，下襬與袖口都已明顯縮短。

紫紺袴

一九〇〇年代日本女學校開始以「行燈袴」作為制服，第三高女使用「紫紺色」，並加上兩條黑線作為標示。

皮鞋

以西式皮鞋為主，或是如日本女學生一樣搭配長筒靴。內裡會穿上包覆雙腿的黑褲襪或絲襪。

本島女子教育之濫觴，台北第三高等女學校

一八九七年，日本政府在士林成立了「國語學校第一附屬學校女子分教場」，在一九二二年升格為「台北第三高等女學校」，就是如今的「中山女高」。在日本時代又被稱為「本島女子教育之濫觴」，除了裡面學生大多招收台灣女子以外，也是日本在台設立的第一所新式女子教育機關。

在查詢女子學校制服時，很難不查到三高女的制服，除了歷史悠久，畢業照片非常詳細以外，還有非常嚴密的服儀制度，這幾年隨著政策改良與風氣開放，服儀制度也逐漸放寬。而在日治初期融合台、日、西三方風格的時代，身為第一所新式女子學校，更有著它的代表性。

一九一二年國語學校第一附屬學校的畢業照中，大多數日籍女學生上衣是和服「小袖」，台灣女性上衣則是延續清領時期慣穿的大襟衫，頗有本島風情；又因就讀第三高女的台籍女子家境大多有一定水準，因此大襟衫也較同期台灣女子華麗。但不同於清領時期富家女子的大襟衫有繁複的緄邊與繡飾，日本時代的大襟衫更多了一點洋氣，比如領口部分加上了蕾絲裝飾，布料也是直條紋的洋布，剪裁也更為貼身，下襬較清末短。

國語學校第一附屬學校下半身的制服則是「行燈袴」（はかま）。一九〇〇年代，日本國內日本華族（類似貴族）女子學校使用的大多是海老茶色的女袴，像台灣當時多為日本人就讀的「台北第一高等女學校」，便是使用海老茶色的女袴。而

本島人女學生（台灣風俗），穿著的便是大襟衫搭配日式袴。（《台灣日日新報》，大正十一年三月二十日版次五）

較多台人就讀的第三高女則規定使用「紫紺色」，並在下襬處加上兩條黑紋，作為校訓和區別。

在上方這張照片中，國語學校第一附屬學校的女學生，最常見的髮型是「垺倒眉」，也就是把平常垂在額前的頭髮梳成橫面，並用植物黏液沾附。只是這裡的前髮有點像是斜瀏海的樣式，頗有現代女性的樣貌。

女學生腳上穿的大多是西式皮鞋，或是日本大正時期女學生常搭配行燈袴的「長筒靴」。台灣較為常見的是西式皮鞋，例如在日治初期就有為了曾經纏足的女性而特別改良訂製的小型皮鞋。

才女們的住宿日常

如同我們學生時代的外宿生活有很多回憶，當年的女學生也一樣。國語學校第三附屬學校成立後，開始有中南部的學生北上就學，她們也是台灣女學生中的第一批住宿生。

以往未嫁女性長期外宿是一件不可思議的事，因求學而長期住宿在外，更是觀念上劃時代的大事。一群女學生與老師外宿，在當年也曾經引起路人圍觀，或是遭人非議，但離開家庭與同儕們共同生活，卻也是建立當時女性自主人格的一個契機。

除了讀書自習以外，為了讓女學生住宿不會太過無聊，宿舍也會定時安排一些活動，像是在一九一五年陽曆五月五日的日本端午節，老師們就帶領住宿生製作柏餅（一種和菓子），藉由文化體驗讓大家更接受日式生活習慣；假日時也在老師帶領下出門見學旅遊、以カルタ（歌牌）這種傳統遊戲為教具來學習日語等。

隨著時代演變，進入到較為開放的一九二〇年代，不少中學生罷課抗議事件，很多都是以宿舍為「大本營」策劃指揮的。但那又是另外一個故事了。

新時代男子

戴斗笠踩木屐的台日西混搭風

長尖領

有尖長邊緣的衣領，許多日治時期的襯衫照片都是此一領子。

斗笠

由筍殼編製成的圓錐形帽子，台灣民間用來擋雨、遮陽。

白洋服

來自西方的服裝當時普遍被統稱為「洋服」，因此這件襯衫在黃旺成的日記中被稱為「白洋服」。

吊帶

一種固定褲腰的鬆緊帶，十九世紀穿在衣服裡面，本來被認為是男性的一種「內衣」，直到二十世紀才逐漸外露並被腰帶取代。

西褲

不同於台灣漢人使用中式平面剪裁的寬鬆大襠褲，西褲大多採用立體剪裁，更加修長身形。

木屐（下駄）

由日本人引入台灣，由於木屐通風快乾的特性，很快在台灣仕紳階級普及。

斗笠、西服、木屐，怕下雨的仕紳穿著

這件衣服，出自黃旺成先生一九一三年的日記。黃旺成生於一八八八年，是日本時代出名的社會運動者，除此之外，他寫了四十九年的日記，宗教、娛樂、習俗、詩文，什麼都寫，可以說是為後世的台灣史提供了豐富的資料。當然，他還詳細地記錄了他每天穿的服裝。

他的日記詳細到什麼程度呢？在服裝文化史專家吳奇浩老師〈喜新戀舊：從日記材料看日治前期台灣仕紳之服裝文化〉論文中，甚至藉由他的日記整理出一張統計圖表，記錄他穿著洋服、和服、台灣服的場合與比例。

一九一三年八月一日。這天黃旺成穿著白洋服，戴著斗笠，腳上穿著木屐，前往新竹城中購買皮鞋：「余白洋服、白斗笠、木屐入城，買白皮鞋穿。」（我穿白洋服、白色帶子的斗笠、木屐到城裡去買白皮鞋穿。）之所以戴斗笠、穿木屐，是因為當天的天空陰暗有雲，感覺可能會下雨，而最後確實也下起了雨：「途中已暗，乘榮舟輕便歸，辛庚獨行，至家大雨遂淋漓。」（途中天色已暗，就坐榮舟的輕便車回家，辛庚獨行。到家時大雨淋漓）。因此，黃旺成頭戴傳統台灣帽，身穿西洋服裝，腳下踩的是日式木屐，洋風、和風與台灣風雜糅於一身。

黃旺成頭戴的斗笠，又叫「瓜笠」、「笠仔」、「竹笠」，由箾殼製成，古時候稱這種帽子為笠帽，台灣人則通稱為斗笠。因為製作材料容易取得，台灣民間因

而用來擋雨、遮陽，在日治時期即便是仕紳階級的黃旺成也會佩戴。

而日記裡提到的「白洋服」，應為現代的襯衫。在日治時期的許多襯衫照片可以看出領子為「長尖領」（Pointed Collar），那是一種偏硬的領子，左右兩片領的夾角很小，領片很尖，很適合搭配領針固定，但由於黃旺成應在非正式場合穿著，因此沒有加上領針這類配件。

在褲子的「吊帶」上，十九世紀初皮帶還沒有發展完盛，固定褲子和襯衫的方式之一便是吊帶。吊帶在十七世紀末為作家馬克．吐溫所發明，不過當時的吊帶比較像是一種內衣，直到二十世紀初，才有人把它穿在外面，作為一種配件使用。

在一九一二年之前，黃旺成先生在雨天出門的打扮，多為「足袋」、「綁腿」再加上「草鞋」，直到日本人引進了木屐。在多雨潮濕的台灣，通風快乾的木屐很受台灣人的喜愛，對於當時的台灣人而言，木屐大概就如同現在的夾腳拖與藍白拖一樣好用。

三個時代的記錄者

一八八八年出生的黃旺成先生，出生時正逢光緒皇帝大婚，青壯年時期在日本統治的台灣度過。在最叛逆有稜角的時代，他參與過台灣文化協會，也是日治時期「台灣民眾黨」的創立委員之一。

他曾經穿著和服與木屐，開心地與仕紳們一起吟詩玩耍；也曾在日本政府發行的

《經世日報》猛烈攻擊台灣議會時，換上長袍馬褂，在日記裡憤怒地寫下：「用平常的衣服，現了台灣人本來的面目。」後來國民政府接收台灣，二二八事件時他遭通緝逃往中國，在那裡避難了一年，才在學生新竹防衛司令部司令協助下無罪開釋。

他的童年回憶裡，有清朝政府的影子；他的青春歲月，在繁華的日治街町上抗議與玩鬧中度過；他被通緝逃過難；也曾任中華民國台灣省參議員。

這樣波瀾起伏的一生，最後編纂成書架上幾本《黃旺成日記》，為後世的研究者與讀者翻閱，有時被寫成了國家圖書館的論文，或是留下幾句評語：「這個人的日記寫得真詳細。」

那時的隨手日記，在經歷半生動盪後，意外成為了大時代的縮影，也記錄了當時日記主人的選擇。每個人都是時代滾輪下的一顆小螺絲釘，現在的我們也處在時代的變動裡，我們是否想過要為後世的人們帶來什麼樣的見證呢？

日治文官判任官

金光閃閃的台籍訓導先生

正帽

正式的制服禮帽，原為海軍帽，上面有金線與徽章的是出席正式場合的禮帽。

帽前章與金線周章

帽上動章是「旭日章」，是日本國家機構的代表標誌；帽上的金線數目則代表官員的位階。

肩章

由肩甲演變而來， 18 世紀時在法國和其他軍隊中用來表示軍銜，是禮儀上的象徵。日常上班較不會佩戴。

袖章

代表官員或士兵的位階，台灣「訓導教師」的袖章是一條金線。

正衣

大致類似學生服的「詰襟」，由海軍制服演變而來。不配戴肩章時作為上班制服穿著。

佩劍

日本皇宮貴族與武士有佩刀的習慣，明治維新後，日本政府實行廢刀令，但皇室與軍警仍保留此特徵。

台籍「訓導先生」，代表權威的金線與肩甲

一八九八年，台灣出現了第一所主要招收台籍兒童的公學校，正式開啟了台灣的現代化教育。雖然大多數教職員是由日本國內調派而來，但為了貼近本地孩童的教育並拉攏知識分子，也特別聘僱了一些傳統仕紳或是在私塾裡教授漢文的老師，這些台籍教師被稱為「訓導先生」。

到了一九一三年時，為了提升統治者與教職員的威嚴，日本政府將教職員與警察納入文官服裝的範疇，頒布了「台灣總督府文官服制中改正」，從那之後，台籍「訓導先生」們的印象，就和威風凜凜的文官制服脫不了關係。

文官制服主要類似於「詰襟」（つめえり），由海軍制服演變而來，後來詰襟則作為高校的學生服。不同於學生服穿著較為簡便，訓導先生的文官制服整體成套，從顏色到材質都有明確規則，穿著方式又分為正式場合與平日穿著。

訓導先生平常上班時，只需要穿著類似詰襟的黑色或濃紺色立領西裝制服，佩上有旭日章的便帽。而像是天皇生日或是學校典禮時，制服則要加上肩章、佩戴有金線條的禮帽、並攜帶佩劍。

日治時期在台灣的文官制度，主要延續日本本國的官僚制度，一八九九年時台灣總督府頒布了在台的文官服制，由上到下有「親任官」、「敕任官」、「奏任官」以及「判任官」；台灣總督就是屬於天皇任命的「親任官」，而大部分公務員、官吏與訓導先生，則是最低的「判任

官」。文官的等級也對應服裝上的裝飾，像是帽子與袖子上的金線，台籍訓導先生的「判任官」只有一條，但校長的「奏任官」則有兩條；而肩章與袖章上的台字徽數量也有一樣的差距，若是校長或是總督等高位階的肩章甚至有流蘇裝飾。

文官的「肩章」最初用於十八世紀的法國，由肩甲演變而來。後來進入熱兵器時代，淘汰了過往傳統的鎧甲，出現了如今看到以布為主的軍服雛形，肩甲才由過去實質上的鎧甲轉為禮儀正裝，代表位階的象徵，並隨著明治維新進入到日本的官僚體制。而肩章的圖樣又依據所屬部門而有所不同，像是警察雖也穿著文官制服，但肩章則是編織型的，與文官的葫蘆型（或稱勺型）肩章有所分別。

而袖口的金色與鳶色條紋則是「袖章」，袖章一開始是作為標示身分的徽章，像是戰場上的醫護或是表明警察身分等。

另外文官制服最不可忽視的就是佩劍了，這也是許多當年代的學生對訓導老師欽佩最大的理由。一般而言除非禮儀場合，文官的佩劍都放在訓導室裡，而制服中也有與佩劍搭配的「劍帶」，通常是像皮帶一樣繫在制服外套上。然而也許是因為台灣天氣炎熱，鮮少文官制服照片中有搭配大衣的裝扮，因此佩劍通常是提於手上，而不是繫在腰間的劍帶上。

不管是肩章或是袖章與帽徽，可以看出使用了大量金色，甚至是肩章與台字鈕扣都是銅鎏金。這樣的設計除了看得出日本設計制服時的細膩程度以外，也是日本政府塑造其統治階級的決心。

大正民主下的服裝改革，漸漸平實的文官制服

一九二〇年，受到日本國內大正民主風潮影響，加上台灣改為「內地延長主義」統治方針，過往象徵權威的文官制服也做了改良。新式的文官制服廢除了金色肩甲、金色袖章、帽子上的金線，統一改成黑色的織線，無法再由金線數量一眼看出對方位階；而如今許多人知道的「台字帽徽」，也代替了旭日章出現在帽子上。

但即使如此，金光閃閃的文官制服，已經成為一代人對老師們的印象：

「那金質肩章、那金色的紋理，……雖然警察先生也佩掛肩章，可是那花紋卻有點像拉麵，而且老師的肩章要看起來閃亮、神氣多了。」（張文環，《重荷》，一九三五年）

直到一九四〇年代，因為太平洋戰爭進入戰時體制後，面對物資缺乏與戰爭時期的信念宣導，文官與警察的制服改為「國民服」。這樣閃亮神氣的印象，也逐漸消失在那代人的記憶中。

台灣總督府國語學校訓導及台灣公學校訓導服制圖。（國史館台灣文獻館提供）

時髦的文明新娘

西式白紗台灣衫

鐘形頭飾

1920 年代的新娘頭紗分為兩個部分，一個是由蕾絲做成的鐘形頭飾，還有接在下方的白紗。

頭紗

希臘與羅馬時期開始的習俗，避免結婚時新娘受到惡靈的侵擾，因此戴上象徵貞潔的白紗。

繡花大襟短衫

粉紅色緞面的台灣大襟衫，受到民國的流行影響，也開始有收腰與喇叭袖的設計。

繡花西裙

雖然繡花圖樣更趨近於傳統漢人吉祥圖樣的牡丹、蝴蝶等，但不再是馬面裙的中式裁縫，而是西洋裙的形式。

皮鞋

皮鞋在 1920 年代逐漸普及於中產階層女子，過往纏足的女子也有改良的適合綁過小腳的皮鞋。

留洋歸台新派頭，文明新式婚禮

在清領時期的大多數台灣婚禮，新郎通常身穿九品官服或長袍馬褂，富家女子穿著傳統的鳳冠霞帔；若是平民女子則是喜氣的紅色大襟衫，男子穿青衣青褲。

但在一九一〇年代，日本帶來了西方文化並推行一系列現代化政策，接觸到現代化的仕紳，也開始認為西式婚禮是一種「文明」的象徵。年輕知識分子與家族長輩兩方的文化產生了衝突——特別是在「婚姻」這種人生大事上，背後的儀式意義與吉祥象徵更不可避免。

然而西方象徵「貞潔」的白紗，在傳統漢人的觀點中，卻是「服喪」的代表，這也讓西式的婚禮往往受到長輩反對。因此在一九一〇年代與一九二〇年代，大多數台灣的新式婚禮，通常是使用複合式穿著，像是台灣第一位鋼琴女教授高慈美，她的父母高再祝與高許美結婚時，新郎就是穿著西式的「フロックコート」（福鏤庫禮服），新娘穿著台灣衫。

而到了一九一一年，這對新婚夫妻再次拍攝結婚紀念照時，妻子穿上了改良式的禮服，也就是將一件式的西方禮服，改成漢式上衣下裳的兩件式形制，並披上了頭紗，為當時的婚禮增添一筆新氣象。

一九二〇年代，不只是新郎穿著西式的禮服，女子也開始披上名為「ベール」（Veil）的新娘白紗。但全身雪白的婚紗還是遭到人們排斥，因此女子的婚服便也做出了折衷的改變——頭上戴著白色或粉紅色的頭紗，身上穿著漢式紅色或粉紅色的台灣衫。

一九二〇年代的新娘頭紗主要分成兩個部分，上半部叫做Cloche Headdresses，指的是吊鐘型的頭飾，以蕾絲花紋罩在頭頂，下方接上稱為「ベール」的面紗。像是一九二七年的蔣中正結婚照，宋美齡的婚紗也是類似的頭紗設計。

在一九二三年林垂拱與陳瓊珍的結婚照中，可以看出陳女士的婚服是類似漢式的服裝，也就是台灣女性常穿的大襟衫。一九二〇年代的大襟衫，受到民國流行的影響，有些許收腰與喇叭袖的設計，並且因為婚服的緣故，往往有像是彩鳥、花蕊等大面積刺繡。緄邊的設計雖然仍然存在，但已經變得細小，甚至消失。

而裙子的長度也比過往漢人馬面裙稍短，並且在剪裁上，改用了西式立體剪裁的套裙，而非傳統中式一片式的平面剪裁。婚服通常會講究成套，因此繡式花紋與上衣搭配，裙下的鞋子在婚紗照中，可以看出除了日治時期開始流行的女性皮鞋以外，還有高跟鞋的搭配。

捨去繁文縟節的文明婚禮

清領時期的婚禮大多在迎娶時使用花轎，而進到日治時期時，開始有些比較富裕的人家，以人力車、三輪車等的交通工具來取代轎子。隨著日本政府現代化政策的推行，台灣民間也越來越接受西洋事物，到了一九二〇年代，開始出現用汽車迎娶新娘，或是比照西洋儀式的婚禮。

日治時期「文明婚禮」的大致流程主要分為以下：來賓親戚入場↓新郎新娘入場↓宣布儀式開始↓唱歌↓主婚人登壇誨

02

01

01 | 1911 年高再祝、高許美結婚週年補拍婚紗照。新娘穿的是由傳統台灣服改良的兩件式上衣下裳服裝，並搭配新娘頭紗。（中央研究院台灣史研究所檔案館提供）

02 | 1920 年代，頭上戴著頭紗，穿著台灣衫的陳瓊珍、林垂拱結婚照。此時的大襟衫袖口與下裙都比 1910 年代更短一些。（中央研究院台灣史研究所檔案館提供）

告↓來賓演說↓朗讀祝賀電報↓新娘新郎答禮↓主婚人代表新人致謝辭↓宣布典禮完成↓新郎新娘退場↓來賓親戚退場。

與其說是比照西洋的婚禮，不如說是省去了過往的繁文縟節。可以看出其中基督或天主教的儀式較為少見，整體而言更接近台灣人現代的婚禮，也與現代有些差異，像是「交換婚戒」這個重要儀式並不在流程中。日治時期的新郎並不佩戴婚戒，是將婚戒作為聘禮之一，在送定聘禮時由父母長輩送予新娘。

到一九三〇年代，全白的整套婚紗才在台灣普及，加上一九五〇年代國民政府接收台灣、韓戰美援帶來的西洋文化，如今可以租借婚紗與各地可見的「婚紗街」，才成為婚禮的樣貌。

CHAPTER 6

1915－1937

日治中期

西化逐漸完成的年代

一九一五年發生的「西來庵事件」是漢人最後一次的武力抗日，此時台灣島外的國際局勢與日本局勢都發生了變化：日本國內進入「大正民主」時期；中國出現五四運動與新文化運動；而一九一五年美國威爾遜總統提倡的「民族自決」，也間接影響到全世界殖民地與殖民母國的關係。一九一五年後日本對台灣的統治進入到了同化時期（內地延長主義時期），總督改為文官統治。在這個時期，隨著武力鎮壓慢慢減少，內地延長主義的「日台融合」方針也在台灣起了作用，新式教育、現代化設施也在台灣越發普及，帶給台灣人不同的生活樣貌。

不僅是洋服及和服帶來了新消費，昂貴的西服也變成區分社經地位的方式，由於日本人帶來了許多現代化設施，進而讓人有「現代化」等同「日本化」的感受。這些服裝上的影響，除了造成外觀上的不同外，也加深了「文明進步」與「落後」的印象對比。

為了區別日本人帶來的西服與和服，過往的清領時期台灣人穿的「長袍」、「馬褂」、「大襟衫」則被冠上了「台灣服」（台灣衫）的稱呼。

甚至在一些政治場合中，成為了一個表明自己意識形態的符號。

在這個年代，相較於前期的混搭風，成套的西服也終於在台灣社會被民眾接受。雖然女性的西服流行與普及相較男性來得晚，但到一九三〇年代左右時，成套的洋裝也在中上層階級流行起來。

漂丿的三件式西裝

紳士與仕紳都穿的「背広」

西裝外套

日本引入西裝，較沒有像歐美有許多日間禮服、晚禮服的分別，大多數都是休閒西裝。

中折帽

帽冠中間凹陷，前端兩側也有壓痕，是常被人稱為「紳士帽」的類型之一。

三件式西裝

指的是成套的西裝外套、背心、長褲，全套正式西裝則稱為「背広」。

西裝背心

十九世紀英國人穿著西裝時大多也會穿上西裝背心，這個習慣也在日本延續了下來，進而影響到台灣仕紳的穿著。

皮鞋

皮鞋跟著服裝的西化一起成為常見的鞋種之一，當時已經有「日益堂靴屋」、「龜田鞋店」這種開在台灣的日式或西式鞋店。

西裝長褲

指的是休閒西裝的褲子。

從日本來的西洋「背広」，好貴的三件式西服

日本人是從明治維新後開始穿著西裝，一八九七年西裝更直接明訂為「正式服裝」的一種，並在大正時期在男士之間流行。

十九世紀的日本人穿著西裝較沒有歐洲國家有「晨禮服」與「晚禮服」的區別，但通常把「福晝庫」（フロックコート／Frock coat／大禮服）當作是出席儀式或宴會時的禮服；而三件式西裝（三つ揃い／three-piece suit）則作為日常正裝而逐漸普及。

相較於日治初期的混搭風氣，一九二〇年代受過日本新式（西式）教育的台灣人更容易全面接受西式服裝，也因此在相片中很常看見他們以全套「背広」（西裝）的形象留下身影。受到日本穿著西裝的影響，當年的台灣仕紳穿著西裝時，大多還會加上一件背心，成為三件式西裝，講究一些還會別上領棍、胸針等等。

在我們參考的許多照片中，大多數日治男子的西裝比較偏向英式西裝，例如腰際修身，上身墊肩不強化肩膀，下身高腰並打褶來凸顯體型修長等特色。有一說是明治維新期間日本西服受到英國人影響相當深遠，也因此英式西裝成為當時的日本最普遍的西裝風格。

日本引入西裝不像歐美有日間禮服、晚禮服的分別，大多都是休閒西裝（Single jacket）等同於日常的正式西裝穿著，禮儀場合則穿著「福晝庫」（Frock coat）。西方的黑色西裝通常是在葬禮時穿著，傳到

日本時較沒有此忌諱。

除了西裝以外，在二十世紀初期，「帽子」也是男士的必備配件，十七世紀日本推行「明治維新」時，為了達到全面西化，推動了「剪髮令」，剛剪成西式短髮的男性，由於不習慣頭頂的改變，開始戴帽子，並因為鎖國結束後，日本進口了許多歐美的帽子，意外地造就了西洋帽子的流行。

而日治時期下的台灣，擁有帽子的能力在文化上被視為財富的標誌，也因為夠時尚而被認為是「身分的象徵」。像是「中折帽」就是一九二〇年代不管日本或是台灣男子時常佩戴的帽子種類之一。「中折帽」原文「Fedora」，帽冠（Crown）中間凹陷，前端兩側也有壓痕（Pinch），高度十到十六公分不等，是常被人稱為「紳士帽」的類型。

皮鞋也是日治中期常見的鞋類，當時台灣已經有「日益堂靴屋」、「龜田鞋店」等開在台灣的日式或西式鞋店。

文明日本，落後台灣？

對於當時的人而言，西裝除了是一種進步、文明的象徵，有時候也劃分出了階層的差距，像是日治時期文學家呂赫若的作品〈牛車〉中，就描述從事勞動工作的男主角「楊添丁」，看到穿著西裝的男人的反應：

「……戴眼鏡、看起來好像很威風的男人，從辦公室裡一看到他，一句話也沒有說，就立刻揮手大聲斥責。由於對方是個穿西服的男人，楊添丁呆若木雞。」

「穿西服的男人」那高傲不屑的態度，

更加深了勞動階層的男主角的自卑。

陳柔縉在《台灣西方文明初體驗》中曾經提及，當年公務員一個月薪資大約四十二到四十八圓左右，單件西服就要五、六圓。若是以當今公務員月薪來換算，光是單件襯衫、褲子、外套就需要相當於現今的六、七千塊。而根據前台泥董事長辜振甫回憶，一套西裝做下來，差不多要二十五圓左右，用同個方法換算約是現在的三萬到三萬五間，毫無疑問算是高價消費品。因此在日治時期，西裝大多數是中上層階級穿著。

三件式西裝，是大多數人對於日本時代知識分子的印象。由於日本人帶來了許多現代化設施，進而讓人有「現代化」等同「日本化」的感覺，因此在一段時間內，許多受過新式教育的台灣人，會刻意換上洋服或和服，塑造自己文明開化的形象，排斥原先穿著的清制服裝。

在台灣新文化運動發展之時，隨著台人意識逐漸覺醒，開始有些知識分子認知到，日本人統治台灣人，雖然帶來了美好也帶來了壓迫，不需要因自己的文化而自卑，許多人為了表明自己的立場，紛紛換回了過去穿著的台灣服。

對於當年知識分子而言，西裝洋服是身分上的象徵，卻也是他們為了證明自己的存在，而割捨過的東西。

日治中期的女裝混搭

方便整潔的民國型大襟衫

斜瀏海

類似傳統髮型「埒倒眉」與西洋髮型的綜合體，延續將前額頭髮以樹脂黏於前額，但作成旁分的大片瀏海狀。

盤髮

短髮與捲髮的風氣還沒很盛行，大多數女子仍延續將後髮盤起，作為整潔的裝扮。

大襟衫

這個時期的大襟衫主要受到民國流行影響，在新文化運動與五四運動的西化浪潮下，傳統大襟衫結合了西方服裝的立體剪裁。

倒大袖／喇叭袖

這時期的大襟衫袖長變短到手肘，並衍生出了特有的喇叭狀的袖子，也稱為「倒大袖」。

西式裙

不同於過往漢人女性的一片式裙子，西式裙穿脫方便，並隨著社會風氣逐漸開放，裙子也漸漸變短。

皮鞋

「天然足」（不纏足）的風氣已經成為主流，受新式教育的女子相較於穿傳統的漢人足履，更傾向穿著皮鞋。

長襪

受到西方潮流的影響，裙下不加穿腿褲，裙長也逐漸變短。然而許多漢族女子仍不習慣直接露出裸露的小腿，因此用長襪遮掩。

結合西式剪裁的大襟衫，搭配西裙長襪的新女性

隨著新式教育在台灣的推行，年輕一輩對於西洋事物的接受程度越來越高，而科技發展讓國家之間的民眾交流更加頻繁，日本與民國的服裝流行，也來到了台灣，成為一九二〇年代女性最常見的打扮。

一九一一年辛亥革命推翻了清朝政權，中華民國成立，在內政尚未穩定與外國勢力侵犯的情況下，知識分子紛紛呼籲引入西學，從文化根本解決國家孱弱的問題，衍生出「新文化運動」與「五四運動」。

在這時代潮流下，留洋的學生增加、來自富裕家庭並有接受新式教育的民國女學生們，也成為了引領學生運動，甚至是引領服裝流行的一群人。

過往傳統中式服裝有著寬大的袍袖，對女性而言非常的不方便，洋服的短袖、短衣（襯衫）便於行動的優點，也被認為是西洋國家富強的原因，因此當時不少人呼籲改良女性的服裝。

這個時期的大襟衫結合了西洋的剪裁方式，減少繁複的緄邊，大多以較小的花扣裝飾；衣服增加更貼合身形的腰間曲線，整體呈現上窄下寬的A字形；衣長與袖長改短，上衣從長至臀部改到腰間、袖長從到手腕處改成到了手肘處，並呈現喇叭型，稱為「喇叭袖」或「倒大袖」。布料上也受到租界的外國人影響，喜歡用綠色或紅等鮮豔的顏色，科技發展後布上的圖紋更明顯，也常用西洋布料來裁製衣服。

裙子相較過往清制服裝來得短，出現了不少到膝下的短裙。形制不再是需要圍

民國型的大襟衫呈現上窄下寬的Ａ字形，袖口處呈現喇叭狀，腰間出現曲線。（翻攝自蘇州博物館）

上繫帶的一片式中式裙，轉而成為穿脫方便的直筒西式裙子，裝飾上也不如過往繡飾豔麗，大多是樸素的黑裙或暗色裙子，加上簡單的打褶。也因為裙子變短與西裙裡面不加穿腿褲的關係，小腿會直接裸露，對二十世紀初期剛從封建社會轉變的民國與台灣社會而言仍然有礙觀瞻，因此女性們會穿上絲襪或長襪來遮掩露出的小腿部分。

在髮型部分，一九二〇年代的台灣女性流行將頭髮旁分，形成大片的斜瀏海，並用植物的黏液固定以防雜亂，類似清朝「埒倒眉」（詳見「北部客家」）的延伸。

另外值得注意的是，雖然倒大袖與西裙在一九二〇年代的中華民國是女學生的流行，但由於一九二〇年代的台灣學校有制定女學生的西式制服，因此這樣的打扮大多是中上階層的社會女性穿著，或是追求時髦的年輕女性，像是許多仕紳眷屬、藝妲照片裡就有非常多這樣的穿搭。

蔣渭水的革命戀人，藝妲「陳甜」

在大稻埕最繁華的一九二〇年代，年少的陳甜在高級餐廳「東薈芳」擔任藝妲，與蔣渭水認識，兩人一拍即合，很快進入相戀。陳甜以妾的身分嫁入蔣家後，改名為「陳精文」，陪伴蔣渭水從事社會運動。一九二三年「台灣議會期成同盟會」成立，然而當時日本法規管制政治集會結社，蔣渭水也因為這件事入獄四個月。當蔣渭水入獄時，陳甜頂住了壓力，持續地替蔣渭水宣傳演講。

而蔣渭水臨終前的攝影，陳甜坐在床邊，那年她三十二歲。很多人勸還年輕的陳甜改嫁，但陳甜只說：「如果有人比蔣渭水更偉大，我就嫁給他。」如今離一九二〇年代已經接近一百年，那代知識分子的愛情故事也逐漸被世人遺忘，卻是當時大稻埕裡讓人印象深刻的一筆。

1923年，陳甜上半身穿著改良式大襟衫的照片。

知識分子們的文化接納

文明中帶著怪異的和服穿著

眼鏡

日治時期的眼鏡不只是近視者的配備，還是一個時髦的配件，通常在鐘錶行購買，到中晚期隨著科技發展與流行，才有專門的眼鏡行。

巴拿馬帽

夏天涼帽的一種，由於台灣大甲盛產藺草，再加上日治時期男性流行佩戴帽子，因此這類夏天涼帽不只在島內流行，甚至外銷至日本與南洋。

羽織（夏）

由胴服發展而來的外套，由於可以簡便披在小袖外，從武家流行至庶民之間。台人穿著和服較不會像日人一樣在意換季的搭配。

長着（小袖）

日治中期受到日人帶來新式教育影響，台灣男性也會在日常或是正式場合穿著和服；由於和服相較於傳統台灣服來得寬鬆簡便，日常的「普段着」或是浴衣也成為台人常見的穿著之一。

足袋、雪駄

足袋是將拇指與其他四指分開的襪子；雪駄是為了防雪水，在草履底部加上皮革。

「只是習慣了而已」，自然而然穿起和服的台灣知識分子

不同於台灣女性對於西洋與日本的服裝需要一定時間接受，台灣男性在穿著上更容易不自覺地受到日本人影響，這其中又以中上階層的男性更為明顯，再加上殖民統治下日本帶來的現代化建設，讓不少受過新式教育的台灣人產生「文明日本，落後台灣」的想法，因此在衣著打扮上模仿日本人。

而除了對於現代化的欽慕之情，更多的是基於方便而產生的潛移默化，像是吳新榮在日記裡提到的：「我們每天做完了工作，就脫下西裝，換上和服和木屐，半天過和服生活；吃醃蘿蔔、味噌湯、生魚片、日式火鍋。……任何人都認為我們是日本人。恐怕大和民族形成以前的日本人也是如此吧！」就是在描述不知不覺被同化的過程。

也因為涼爽乾燥的木屐與草履，以及方便的浴衣很適合台灣濕熱的天氣，若是上班需要穿著緊綳悶熱的西裝，那麼和服就會被日治時的知識分子歸類成下班後的穿著。因此大多數在台灣流行的和服除了浴衣以外，就以穿著長着（小袖）的「普段着」或披上羽織的「外出着」（本篇所繪）為最大宗。

但即使是穿著和服，台灣也有許多不同於日本的習慣，像是日治時期的諷刺漫畫家國島水馬就在一篇〈台灣でなきゃ、見られぬ服裝〉（〈只有台灣才看得到的服裝〉）中描述了一個現象：日本人穿著和服有許多換季的潛規則，但台灣人時常將冬衣與夏衣混穿，女性是從頭至腳由冬

《台灣日日新報》中國島水馬所繪諷刺漫畫一隅。
（〈台日漫画〉第十二卷五百三十四號）

漸夏，男性則是頭頂至腳由夏漸冬。這點又常反映在男性穿著和服時的狀況，像是頭戴蘭草編的夏帽、外面套著夏天輕薄布料的羽織，但裡面的小袖與鞋襪都穿著冬天的樣式。

如今最常見的和服樣式是「小袖」，統稱為「長着」，冬季的長着通常有雙層襯裡稱為「袷」；因為和服通常由易磨損的絲質布料製成，因此裡面會再加穿一層「襦袢」，明治維新後許多人將襦袢改為西式襯衫代替，這樣的穿著常在台灣的日治照片裡面出現。

外披着的羽織是常與小袖搭配穿著的服飾，而夏季的羽織多為紗質的「薄物」裁製成。在穿著羽織時，若是正式禮裝（像是學校典禮、與日本人商談等）則穿繡有家紋的羽織（台人藏品中較少見有家紋的羽織，但無法確定正式禮裝的羽織有沒有家紋）和馬乘袴，成為「羽織袴」裝，也是在日治台灣照片裡常見的穿著。

日治台灣男子常在頭頂佩戴洋帽，這種由稻草或蘭草編織而成的草帽也被稱為「パナマ帽」（也就是巴拿馬帽），台灣大甲地區盛產蘭草，這種巴拿馬帽除了台灣常見，也時常銷售至日本或是南洋地區。一些大正時期的日本帽子店目錄還可以看到標有「大甲打」的巴拿馬帽商品。

而男子戴的眼鏡也不只是給近視者的配備，更是一個時髦的配件，通常是在鐘錶行購買，到中晚期隨著科技發展與流行，才有專門的眼鏡行。

輕便與交際的服裝，和服男女大不同

雖然將男性和服穿著放在「日治中期」的篇章，但事實上在一九一〇年代推動斷髮改裝政策後，台人就開始穿著和服，甚至出現「吳服店」（和服訂製）應接不暇需要額外請女紅外包製作的情況。

在黃旺成先生的日記裡，詳細列出每次穿著和服的場合，像是一九一三到一九二一年，他總共穿著了五十二次和服，比例最多的是與台灣人的社交，其次則是家中或浴場的個人活動。像是散步、剪髮、看醫生，或是地方鄉紳週末遊玩，都常見黃旺成穿著和服的紀錄。也就是說對於當時台灣男性而言，和服在日常生活的實用性更重於禮儀與國族上的意義。

雖然台灣男性在一九一〇年代就逐漸接受和服，但女性的和服在禮儀與動作上有更繁複的規定，在沒有文化脈絡下較難接受，也因此台灣女性要到一九三〇年代中後期皇民化政策下才更常穿著和服。

巧手改衣時髦夫人

台灣衫搭襯衫與雙鬢盤髮

襯衫與領帶

明治至大正時期的日本男性會將襯衫穿在傳統和服中，代替作為內衣的襦袢；可能受到這種穿著方式影響。

雙鬢盤髮

受到上海流行影響，將左與右的頭髮分別盤起，稱為「雙鬢」，並別上西式髮夾裝飾。

直裾

不同於在領口下呈現「厂」字開襟，直裾是將開襟垂直至下襬，也是台灣衫的常見類型之一。

大襟衫（改製）

將大襟衫領口改製為V型，作為外搭的穿著，袖口也增加蕾絲與紋邊作為裝飾，衣緣也有與裙子搭配的紋邊。

改良裙

從花紋看來應是與上半身的大襟衫同屬一套，但膝間的花紋較像是褲子的設計。

瑪麗珍鞋

一種腳背上有繫帶的皮鞋，也是日治台灣常見的女性皮鞋之一，後來也作為女學生制服的皮鞋，這雙皮鞋則在繫帶上有更多變化，應為西洋舶來品。

日治時期的前衛夫人，颯爽溫婉的領帶大襟衫

雖然前幾章我們介紹過日治初期將大襟衫混搭日式行燈絝的「國語學校制服」，但事實上在一九一〇年代，台灣女性對於外來服裝的接受度不高，除了解放纏足以外，大多維持從頭到腳的傳統台灣衫裙的穿著。

然而隨著日本統治的時間漸長，一九二〇年代西化潮流也逐漸為女性接受，開始有了將大襟衫混搭西式裙的搭配，或是利用不同國家的穿衣風格，甚至進行改製，衍生出屬於自己的時尚。如本篇人物畫像所參考的照片人物，鹿港蔡崧嶽之妻陳齊，就是這樣有獨特眼光的人。

首先她將過往大多作為普通上衣的大襟衫，領口改制為V形，變成像是如今有著V領的外套夾克。雖然大襟衫也有穿在外頭的大褀，但將領口重新改製還是第一次見。

而內搭的則是西式的長袖襯衫，在江戶與大正時期，不少日本的男子會將西式襯衫代替和服的內裡「襦袢」，因為和服的布料較為昂貴，直接穿著會被皮膚或汗漬磨損，因此會穿上襦袢作為夾層；西式襯衫在日本結束鎖國後成為常見衣物之一，也越來越多民眾將襯衫作為襦袢代替。

值得一提的是，雖然照片如今有些模糊，但蔡崧嶽之妻在圖中的領口之下，有條看起來應為領帶的配件；在日治時期時，許多女裝也開始吹起「男裝風」，像是穿著西裝褲，或是在寫真館進行男裝的打扮。但女裝使用領帶較為少見，可能是蔡夫人個人的小巧思，極有特色，值得一提。

下身的裙子部分，一般而言，清領時期的漢式裙下襬較少看到這種緄邊或鑲邊的設計；類似的特色在褲子上較為常見，成套的衣服裡，褲管裝飾與衣服邊緣裝飾會互相對應。該裙應為漢式裝飾但形制為西式的改良裙。

另外，蔡夫人的髮型與鞋子都相較於同年代的女性來得獨特，像是髮後兩側的雙鬢盤髮，就接近當時民國的流行，瀏海也經過特殊處理，有點彎曲的造型；腳背上有繫

蔡崧嶽夫人陳齊穿著改良式大襟衫的寫真照。
（施純全，二我寫真攝／二我影像提供）

帶的皮鞋稱為「瑪麗珍鞋」，是日治時期女生最普遍的皮鞋之一。但這裡蔡夫人的瑪麗珍鞋繫帶有更多設計，極有可能是來自外國的舶來品，而非台灣店家所製。

眼光獨特的夫人們，肩負重任的柔性外交

過往在談到台灣日治時期的地方仕紳時，大多著重在這些鄉里上菁英的貢獻，但除了這些經濟與文化涵養都為佼佼者的男人以外，他們的妻子在面對家族紛爭、新政權磨合，也有所謂的「夫人外交」，就是透過雙方的眷屬私下會面，對於彼此觀點進行探底、周旋與溝通。

在這個女性不常被史籍記載的年代，仍肩負家族的隱形責任，她們通常是具有眼光與謀略的人物，而這些夫人也透過照片，或是他人的描述中，表現出自己與眾不同的見解，最能反映出這點的，便是她們的服裝。

像是台中清水「蔡源順」家，五房長男蔡蓮舫是日治時期的著名仕紳之一。而蔡蓮舫家中的第三妾「廖貴」便是一位奇特的女性，雖然沒有接受過正規教育，但在蔡蓮舫的培育與自學下，通曉日文與漢文，對於商業和服裝搭配也很有自己的一套看法，在尚未普及洋裝的年代就率先穿起了洋裝。

照片中的蔡夫人與廖貴雖為不同人物，但她們在服裝上都表現出自己獨到的眼光，也是在傳統社會的大家族中，她們表現自己特色的方式。

跑吧，高校生們！

知識分子的搖籃，

高等學校「詰襟」

校徽

帽的中央會有該所學校的銅製校徽，有些學校還有其他標示，如帽簷處有白線條。

角帽／海軍帽（正帽）

學生制帽分為冬季的「正帽」與夏季的「略帽」，略帽是麥稈帽。一般在照片裡常見的是「正帽」的搭配。

詰襟

由海軍制服演變而來的立領西裝，是日治台灣高等學校最普遍的制服。分為冬季的「正服」與夏季的「略服」，顏色不同。

領章

會繡上表示科系的代號或字母。

鈕扣

鈕扣通常是以鋁、銅等金屬製成。袖口的鈕扣是作為裝飾使用，無法扣起。

西裝褲

與制服同為一套，材質顏色與上衣搭配，夏季大多為白色或淺色的麻棉布料，冬季則是黑色或紺色的嗶嘰（羽毛）或紺絨。

黑色皮鞋

統一都是黑色皮鞋，有些學校還有「綁腿」的配件。

「敝衣破帽」的行頭，高等學校的結襟裝

日治時期台灣的高等學校，有一些從日本傳來的不成文的「新生禮」。中一中畢業後進入台北高校的楊基銓說：「在中學校念書時尚被認為是小孩，一旦進入高校，突然受成人一樣的款待，學生可以留髮，不必剃光頭。」在這樣的基礎上，便發展出了一套名為「敝衣破帽」的儀式。

台語研究學者王育德曾回憶道，剛入學時，同住的三年級學長一邊把玩著他剛買的全新黑絨制帽，臉上慢慢浮現神祕的笑容，一邊說如果沒有經過頂上局部「開封」這一關，就稱不上「獨立自主的高校生」。

接著學長便和同伴使勁地撕破帽頂，之後特意用白線縫上。戴著破帽，把頭髮拉出帽外，腰纏長巾，腳踩木屐，「敝衣破帽」的行頭才算完成。

日劇裡時常可以看見立領的學生服，一般稱為「詰襟」，但在日治時期大多是高等學校生穿著。雖然中學校一開始也是詰襟再加上綁腿，但之後因為太平洋戰爭開打，中學校制服逐漸變成卡其色的制服，因此本篇的人物畫像仍是以高校生的穿著參考。

詰襟是一種立領的黑色西裝，現在也可以在許多日劇的男高中生身上看到。詰襟原先是歐洲軍人和公務員的制服，明治時代時引入日本，作為軍人、官員、警察等的制服，一八八〇年代陸續普及成中學、高校的制服，而後引入台灣。

詰襟的衣領是立起的，通常會是一個前低後高的狀態，後面的衣襟高度標準在

台南專修工業學校學生蔡清龍照片。（現藏於國立臺灣歷史博物館）

三點八到四點二公分左右。

另外在學校教育中要求必須「端正衣領」，也有著「端正個人品格」、「遵從社會秩序」等意義。另外，詰襟下襬的扣子通常需要扣起來，若敞開會被認為不禮貌。

詰襟上的鈕扣大多是金色的，材質多為金銅，也有一部分是鋁製的，有些鈕扣上還會有校徽。除此之外，袖扣是用一種「あきみせ」的方法鑲在袖口，あきみせ是指袖口鈕扣為裝飾用，並非真的可以扣起。

「詰襟」還有帽子、西裝褲、皮鞋等作為搭配，而帽子是其中非常重要的配件之一。學生服的分為「正帽」和「略帽」，略帽是草稈帽，夏天的帽子；正帽則是冬天戴的，通常是黑色的角帽或是海軍帽，正中央鑲飾每個學校的校徽。

除了圖中全黑的角帽，台北高等學校、台北醫學大學等幾所學校，會在帽緣縫製白線，因此大學生戴的帽子也被稱為「白線帽」，是一種知識分子的象徵，當大家看見「白線帽」時，很容易產生敬佩或愛慕之情。

搭配詰襟的長褲是西裝褲，有些人會露出腳踝，在一些崇尚「敝衣破帽」的校園裡，會將褲管捲起搭配木屐，表示高校生有獨立思想不受體制束縛的象徵。

高校生的學生運動

日治時期的台灣學運有一個極大的特色，便是「由外而內」，在日本留學的台灣人受到當時大正民主風氣的啟發，帶領台灣本島的社運與政治發展。而蔣渭水等人成立的「文化協會」，便是將這種風氣擴展到校園的重要推手之一。

「文化協會」的一千名會員中，大部分皆為仕紳，但仕紳因為年紀與身分的關係，比較沒有時間放在活動與倡議上。這時會員中約占兩百七十人的學生，就是一股很重要的能量了。

參與學生運動的學生，又以師範學校（國語學校）的人數最多。學者認為，除了醫學校以外，國語學校便是最高的學歷，幾乎可以算是台灣的菁英；另一方面，會去念師範學校者，有不少人是因為家境清寒，無法留學或讀醫，而較為清寒的學生對於階級問題也比較看重，更有民族意識。

雖然查閱當時的衝突事件，導火線常常會讓現在的大學生感到匪夷所思，比如：畢業旅行地點分歧、學校靠左靠右行走規定不合，但之後往往因為校園裡的警察拔刀威脅，或是台灣學生必須要向日本學生敬禮等長年歧視原因，而演變成大規模的學生抗爭。許多學生在抗爭活動中，遭到退學處分或是面臨刑罰，而文化協會也曾因為報紙攻擊，使得高達四百多人退出協會。

摩登的洋裝「烏貓」

逐漸普遍的洋服女性

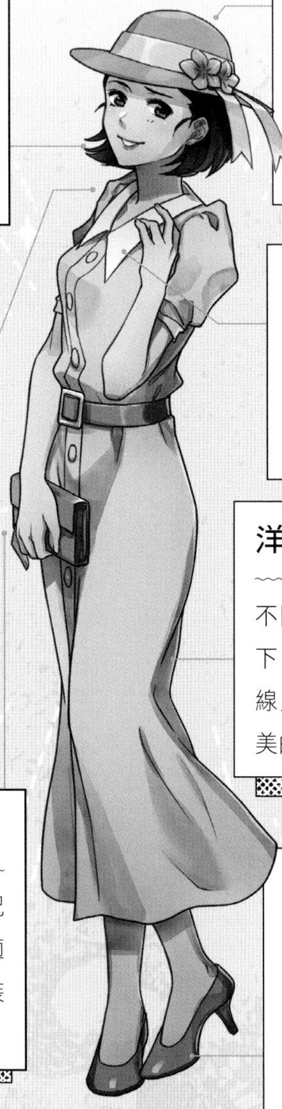

短髮

日治中後期開始流行俏麗的短髮，因此短髮也是摩登女孩的特徵之一；這時的燙捲風氣不如 40 年代常見。

毛氈軟帽

日治時期常見女性佩戴淑女軟帽（floppy hat），女性的洋帽通常帽頂較男性的小，而帽簷來得更寬大，也有更多裝飾與顏色設計。

平翻領

平翻領是一戰後流行的女裝領扣樣式之一，通常是領口直接翻摺，不具有領座。

墊肩

墊肩是襯在服裝肩部的襯墊物，1930 年代中後期，女裝的肩膀線條開始有過渡到二戰時期的軍服式穿著的樣貌，開始加上墊肩等較為硬朗、陽剛的設計。

洋裝

不同於 20 年代崇尚寬鬆且腰線往下的「直筒型」剪裁，女裝的腰線又回到以緊身、看起來高挑為美的風氣，稱為「細長型女裝」。

晚宴包

手拿包原先流行在 19 世紀當時的貴族之間，是種適合宴會場合，作為配件裝飾的輕巧、精緻的手工包。

高跟鞋

隨著洋裝逐漸流行，腳部也不再只穿著皮鞋，而過往需要用長襪遮掩腿部的風氣也逐漸改善，會有露出腳踝的穿著。

日治潮潮妹，穿著時髦洋裝的「烏貓」

一九二〇年代，多數台灣女性的衣著仍以台灣服搭配西式裙為主，雖然仍有一些去過上海或是日本的女性，開始穿起全套的洋裝，但洋裝真正在台灣普及，則要到一九三〇年代左右。

一九三〇年代，雖然年輕世代已經有許多人穿起洋裝，但對於老一輩而言，成群的洋裝女孩嘻笑玩鬧還是一個有礙觀瞻的畫面。一九三二年的《三六九小報》中，就出現了一篇〈烏貓烏狗大會〉文章，用嘲諷的語氣說著這些三五成群的「烏貓」（摩登女孩）追求時髦與流行，穿著高跟鞋與柔紗洋裝，「四處交際」、「花枝招展」、「亂搞男女關係」。

這樣的謾罵除了兩代人的價值觀差異以外，還有以往中式裙子要在裙內加上套褲，然而西式洋裝並沒有這個習慣，因此洋裝女孩被老一輩認為不檢點，甚至是「露出狂」。

一九三〇年代的女性洋裝風格被稱為「細長型女裝」，服裝史裡有個不成文的現象是：「當經濟成長時，女性的裙子會越來越短；經濟衰落時，女性的裙子會越來越長。」一九三〇年代時，全世界正面臨經濟大蕭條，這個時期的女裝不同於二〇年代的「傑爾遜奴」式，將腰線放低至臀部，採用寬鬆、幾乎沒有腰身的直筒式剪裁，裙長到膝蓋左右。

三〇年代的「細長型女裝」則又將腰線提回腰的位置，裙子接近腳踝，內裡穿上凸顯胸型的緊身胸衣，讓整件洋裝呈現窈窕緊身、高挑修長的模樣。

除此之外，也有人形容這個時期的女裝是「二戰前最後的狂歡」，在三〇年代中後期，女裝開始有過渡到二戰「軍服式」的趨勢；「軍服式」風格的女裝最大的特點是整體呈現陽剛，特別是在肩膀處加上襯墊物，讓外觀呈現方形；而三〇年代中後期的女裝也開始加入墊肩的設計，來提高與延長肩部線條，看起來更挺拔有精神，也是日治時期常見的洋裝樣式。

1932 年菊元百貨畫有洋裝的宣傳廣告。

日治中後期開始流行俏麗的短髮，因此短髮也是摩登女孩的特徵之一，將頭髮剪短至脖頸處，並戴上洋帽。

女性的帽子顏色比男性多得多，像是「彩色毛氈」（色フェルト羽）類的材質，也有更多緞帶花的裝飾；當時台灣的諷刺漫畫家國島水馬在〈只有台灣才看得到的服裝〉中描述「台灣人時常將冬衣與夏衣混穿，女性是從頭至腳由冬漸夏」，也因此常見頭上戴著冬季毛氈帽的女性，卻穿著夏季洋裝。

女孩也會提著迷你、輕巧的晚宴包，這種「手拿包」（Clutch Bag）原先流行在十九世紀的貴族之間，是一種適合宴會場合，作為配件裝飾的輕巧、精緻手工包，但由於戰爭與各式女性提包的發明沉寂一陣子，直到二戰過後，時裝流行才又回到大眾眼前。

政治與自我糾纏的時代

一九三〇年代中期，洋裝越發普遍，不只少女，一些教職員也穿起洋裝甚至長衫（旗袍），穿著的女性不再限於出身上層家庭者，一般中層家庭中的女性也紛紛穿起洋裝，洋裝才不再被特殊眼光看待。

然而好景不常，隨著太平洋戰爭開打，日本政府在許多物資與言論上都給了更大的壓力，女性的衣著也受到一定程度的管制，像是出現「標準服」等設計。

「在政治混亂期間，人們沒有能力改良他們的生活情形。他們只能夠創造貼身的環境——那就是衣服。我們各人住在各人的衣服裡。」（張愛玲，〈更衣記〉）

這時女性的服裝成為一個自我意識的出發口，代表著開化進步的思想，也給了一個可以邁向時髦自主生活的想像。

CHAPTER 7

1937－1945

日治晚期

戰爭襲來，大東亞共榮的皇民化時代

一九三七至一九四五年的皇民化運動，即日本化運動，是指中日戰爭期間，日本對其統治下的本國少數民族及殖民地族群推行的一系列同化政策。一九三七年七月七日盧溝橋事變爆發，自此中日戰爭正式開打，台灣也正式拉開了「皇民化運動」的序幕。為了支援戰爭，殖民地的人力物力都需要動員，也因此當務之急就是讓台灣對日本產生歸屬感。

於是總督府頒布了一系列政策，包含廢除漢文課、改日本名字的「國語運動」，推動神道教、獎勵和服等，希望台灣盡快「內地化」（日本化），更甚至對日本帝國盡忠的「皇民化」。

「皇民化運動」主要分為兩個階段，第一階段是中日戰爭前期，一九三七到一九四〇年的「國民精神總動員」；第二階段是珍珠港事變爆發，太平洋戰爭開打後，一九四一到一九四五年的「皇民奉公運動時期」。這兩段時期的台灣服裝也有些微的差別。一九三七至一九四〇年，台灣尚未正式進入戰場，皇民化運動大多是精神與生活上的規範；而一九四一到一九四五年第二階段，台灣人開始被徵召至南洋打仗，島上也面對戰爭物資缺乏，甚至是空襲。

第一階段的皇民化運動，除了獎勵穿著象徵日本民族的和服以外，街頭則管制帶著「支那風」（中國風）的長衫（旗袍）；為了統一國民精神，頒布了不少像是「國民服」、「興亞服」等戰時制服。而戰爭的陰影在一九四一年以後，開始籠罩台灣島，便於行動的「モンペ」，學生的卡其色制服變得更為常見，人們的服裝以行動敏捷、節省布料，在空襲下便於逃脫為重點。

本章裡提到的服裝有不少在日治晚期之前就已出現，但會將之歸類在此篇章，除了因為是當時常見的服裝外，還有大多受皇民化運動影響。在這個時代，男孩女孩穿著的服裝不再只是一件單純的布料，更是一種思想培養，希望能透過服裝，讓台灣的少男少女對於日本更加認同。這是本書介紹的最後一個時代，也是台灣歷史上少數嚴格規勸服裝的年代。

都會女子的新時尚

雖然怕被罵，

但還是想穿長衫啊！

西式熱燙

日治中後期，台灣引進了西方熱燙技術，也有許多台灣人去日本學習髮型與美容專業，並結合短髮的時尚潮流，短翹捲髮成為摩登女子的象徵。

立領

長衫（旗袍）的特徵之一，立領中又有圓領、方領、元寶領、鳳仙領等等樣式。

長衫

俗稱「旗袍」，台人多稱「長衫」。民國初期受到西方男女平權思潮影響，女子開始穿起男子的長袍，進而結合西方立體剪裁，演變成有身體曲線的中式風情服裝。

手錶

日本治台期間，正好是日本國內鐘錶業起飛時期，隨著提倡現代化的政策推動，也帶動了機械鐘錶的成長。

洋布

一戰後，日本國內過剩的棉織品大量銷往台灣，西式或和式的布料成為台灣常見的衣服風格。

提包

西方十八世紀末後，由於修身的衣服取代了附有衣袋的波浪型裙子，女士改為搭配可以裝個人物品的袋子，進而造成女性提包的流行。

露趾跟鞋

「露趾跟鞋」（Peep-toe shoe）指鞋頭處有一個開口，可以露出腳趾，在一九四〇年代左右開始流行。

支那風情的「長衫」，從上海流行過來的旗袍

日治時期的「長衫」意即長及腳踝的連身衣著，也就是我們現在稱的「旗袍」。一九三〇年代，即使皇民化運動已經有些氣候，但太平洋戰爭尚未白熱化，所以許多經濟上能負擔得起的女性，便會裁製一兩件趕赴流行。

清末民初時，隨著西洋文化來到中國，也逐漸提倡一些男女平權的思想，不少女性開始穿著男性的「長袍」來表明自己的意志。隨著武昌起義成功，過往的封建王朝被推翻、中華民國建立，這樣的新思潮為更多人所接受，女學生與社交名伶則成為引領服裝潮流的人，她們開始在長袍之間融入西洋立體剪裁的方式，這樣的服裝便成了「旗袍」。

這樣的流行在東西文化薈萃的上海更為興盛，到一九三〇年代時，上海幾乎是亞洲的流行中心，旗袍不只傳到華南一帶，更甚至連日本也有穿著旗袍上班的職業婦女。華南一帶通常服裝裡有內夾棉絮的才會稱為「袍」，但華南地區炎熱，大多數「袍」會改製成單層的「衫」，「長衫」指的是單層而從頭到腳一件式的長衣，也因此旗袍在日治台灣被稱為「長衫」。

在台灣的長衫常可見中西合璧的特色，例如以洋布來裁製長衫，像是陳進〈婦女圖〉中，長衫的布料花紋是頗有新意的「衝浪小人與海邊椰子樹」。一次世界大戰後，日本的紡織業逐漸成熟，需要有海外市場來幫忙消耗國內過剩的棉織品，身為殖民地的台灣當然首當其衝，再

穿著長衫的「台灣美人」。（國立臺灣歷史博物館提供）

加上一九三〇年代全球性經濟不景氣，日本紡織品開始壟斷台灣市場，也因此在日治晚期時，長衫的布料不再只限於中式風情，也帶有西洋或和式的日本風情。

而短俏的捲髮也是日治晚期女性常見的模樣，日治中後期台灣引進了西方熱燙技術，也有許多台灣人去日本學習髮型與美容專業（美容師），當時燙髮的價錢，大約是新興職業婦女一個月四分之一或三分之一的薪水。雖然一開始民眾對於冒著蒸氣的夾子有些卻步，但接受之後便開始流行起波紋顯著的S形捲度及小捲度的紋理。

手錶也有科技進步的影子。日本在幕末時期即已發展出「和時計」的機械時鐘製造技術，明治維新以後又引進西方的新技術，日本統治台灣初期，正好是日本國內鐘錶業起飛時期，隨著現代化的政策推動，也帶動了機械鐘錶的成長。從一八九六年的進口總值兩萬四千多元到一九三九年三十二萬多元，四十四年來需求翻了十三倍多，也因此摩登女性手上不乏手錶的影子。

政府不允許的美麗

「長衫」輕薄舒適，不同於以往女子「上衣下裳」的兩件式穿著，一件式長衫更節省布料，在一九三〇年代中後期受到台灣女子的喜愛。

然而，當時的台灣卻是山雨欲來風滿樓。隨著二次戰爭開打，日本開始推行「皇民化運動」，希望藉政策讓殖民地族群認同日本人的身分。台灣同為殖民地當然也難逃其命運，也因此具有「支那色彩」（中國風）的旗袍，很快地便被警務單位列為「挑發性服裝」。

例如政府就曾要求女給或酌婦（陪酒女性）改穿著樸素的洋裝或兩件式套裝，或是宣導民眾把中式的盤扣改成西式扣、把開衩縫成裙等等。

作家西川滿曾描寫第一次見到台灣首位女記者楊千鶴時的情景：

「初見楊女士（楊千鶴），容貌姿麗，有如我小說『楚楚公主』中的美少女。心想她是適合穿長衫的人，但在巡警會用剪刀剪斷長衫裙裾的時代，她並沒有穿長衫出現於編輯室。」（西川滿，一九四一）

即便西川滿回憶中的楊千鶴女士並沒有穿著長衫出現在編輯室，但她確實有許多穿著長衫走在街上的回憶：「……如果不是和日本人朋友同行，穿長衫對我而言實在麻煩費勁，起初也沒有意識到這些，但有時察覺到他人責備似的眼神，都不免讓穿長衫的我心頭一驚。」直到一九四三年左右，台灣因為戰爭而進入空襲時期，長衫才從街頭消失。

各個女孩穿著長衫的理由皆不相同，有些女孩用長衫背後的政治意涵表達自己的立場；也有女孩是單純喜愛那優美的線條，在戰爭時代努力用一匹布料活出自己的色彩。

又愛又恨的和服

好熱好難穿而且心好累

銃後髷

「銃後」指的是「戰場的後方」，「髷」（まげ）就是髮髻；銃後髷是戰時研發的簡便髮型。

拉後領

女性和服的後領不會貼合頸部，有時內襯的襦袢也會縫上一條名為「拉衣紋」的直布，方便調整衣領角度。

和服

女性和服不像男性和服一樣輕便，在台灣普及率不高，大多是作為禮儀場合使用。

草履

草履通常搭配足袋穿著，禮服搭配的草履大多是高底的，女性的草履和木屐一樣寬幅較窄，小趾會露在外面。

腰帶

女性的腰帶比男性更繁複，最普遍的是「名古屋帶」並在腰後打上「太鼓結」，還會搭配「帶締」、「帶揚」等飾品組成一套。

風呂敷

一種用於包裹和攜帶物品的方形布，類似「包袱」。台人除了在穿和服的時候，不太會使用到風呂敷包。

騎縫紋樣

振袖是最高規格的禮服，有素色或騎縫紋樣兩種，紋樣跨越縫線時也不會錯位。

「日本衣，台灣身」的矛盾，政策推行的新型禮服盛裝

相較於台灣男性對於和服的好感，台灣女性對於和服的心情可以說是複雜矛盾。男性和服的穿著較為簡單，特別是浴衣清涼通風的特性，在日治中期就受到不少仕紳的喜愛；但女性和服穿著繁複，衣領角度與行為動作都有一套守則，沒有過去的文化背景難以適應。再加上台灣濕熱的亞熱帶氣候，繁瑣多層的和服不只對台灣女性太過悶熱，甚至對日人女性也不太舒適。

那麼台灣女性是在什麼時候開始穿著和服呢？事實上一九二〇年代開始，就有少數女性穿著和服，大多是在一些社經地位高、需要與日人領導階層進行「夫人外交」的時候，或是能負擔得起購買和服的台灣少女，節慶時將和服視為一種「新型禮服」來穿著。

真正有更多台灣女性穿著和服，要到皇民化時期。一九三七年中日戰爭開打，對於日本人而言，滿街跑的「台灣衫」與「長衫」，再加上台灣以前由如今敵對的中國統治，更讓人擔憂戰爭時期台灣人的意識形態。也因此「本島婦女服裝的改善」可以說是皇民化的重要步驟。

除了取締有支那風情（中國風）的長衫以外，也有不少倡導同化的民間組織獎勵台灣婦女穿著和服，像是公家機關的台人眷屬出席典禮場合、藝妲女給（服務生）接客；公學校與高等女子學校也開設縫製和服的課程，與穿著和服跳日本舞、參拜等活動。

因為如此，大部分台灣女性穿著和服

都是禮儀上的象徵，比較少作為實用性的日常服裝穿著，因此未婚女性穿著的禮服「振袖」，就常在日治時期的老照片裡出現。

振袖（ふりそで）依照袖子長度，分為常作為新娘嫁裳的「大振袖」（袖丈一百一十四公分左右）、成人式與出席婚禮宴會使用的「中振袖」（袖丈一百公分左右）和畢業典禮或觀劇、茶會的「小振袖」（袖丈八十五公分左右）。一般而言台灣較少看到最高規格的大振袖，以中振袖與小振袖較常見。

日治晚期的街景照片裡，穿著和服的女性髮髻較傳統日本髮型來得小許多，整體髮量也較少，可能跟當時剪短髮的流行有關；有時會戴上小巧的布花或是用細長的黑髮夾固定鬢邊。

這時的女性穿著和服時常梳一種名為「銃後髷」的髮髻。戰爭時期女性也需要投入到後勤勞動裡，如果還需要花時間梳理髮髻非常麻煩，因此一些報章雜誌與民間組織就研發出簡單方便、適合和服的髮型；「銃後髷」的意思是「戰爭後方的髮髻」，代表與前線打仗的士兵一體的愛國情懷。

雖然和服象徵了日本人的精神，但因為和服的縫製需要大量布料，行動上也不方便，日本國內正展開改革和服的風潮，台灣是否要推行和服也展開了一系列論戰。因此台灣的和服獎勵政策並不是由總督府推行，大多是隸屬殖民地可以直接動員的附屬組織。

直到一九四〇年日本政府頒布了戰爭時期男性的「國民服」與婦人的「標準服」，改良了和服花費布料的弊病，台灣獎勵和服的政策也在這時告一段落。

你不安，我也不安的和服

在一九二〇年代後出生的新時代女性，接受了日本人帶來的新式教育，也是最了解和服文化知識與技法的一群人，但她們同時對日人的視線非常敏感且備感壓力，台灣第一位女記者楊千鶴女士就曾記錄道：

「曾經有一陣子常在街頭看到身穿和服的本島婦人，每次我總是為她們的領口和衣帶提心弔膽，彷彿是自己的事，擔心著同行的日本人友人作何觀感，每次總如我所料，友人皺起了眉頭。」

對於許多日本人而言，台灣女性穿著和服模糊了統治者與被統治者之間的民族界線，讓他們感到不安。再加上台灣終究不在同個文化環境下，舉手投足總會有不同於日人的地方，這樣的不同更讓許多日人無法接受。

在皇民化時期，衣服被賦予更多的意識形態，而殖民與被殖民的關係，也讓一件和服成為了一代人的心結。

兩名女子穿和服合影。（國立臺灣歷史博物館提供）

戰時制服推動計畫

被服協會的「國民服」

巴拿馬帽

以草織成的巴拿馬帽，台灣由於盛產藺草，再加上日本戴帽子的流行影響，此類涼帽的普及率非常高，許多街景照都可看見。

國民服（四號）

為了因應戰爭，「被服協會」研發了適合戰爭與勞動的「國民服」，希望能減少從海外進口布料，也比西裝更便於行動與節省。以「國防色」最多，但也可見灰色或黑色的國民服。

白洋服

完整一套的「國民服」還有「中衣」（內襯衣）的搭配，台人有時會將中衣以襯衫或是汗衫類的洋服代替；這時的洋服已經有一定程度的普及。

袴

國民服雖然有正規的穿法，但基本上是以國民服、中衣、袴組成，袴類沒有嚴格限制，長褲短褲或馬乘袴都可以。

木屐

由於木屐通風快乾的特性，在日治晚期很普及。

抵抗西化與團結國民戰爭意識的「国民服」

「我給自己出道習題吧——不如換穿國民服，可好？」（太宰治〈衣著哲學〉，一九四一）

隨著戰爭越演越烈，日本政府對於物資的管控也越來越嚴格，不管是容易消耗布料的和服，還是源自於對西洋文化喜愛的洋裝與西裝，都是日本政府不願見到的景況。在這樣的背景下，一九三八年開始，陸軍「被服協會」（衣服協會）開始研發適合國民在戰爭時期穿著的制服，並在一九四〇年頒布了〈國民服令〉，發布屬於男子「國民服」與女子「標準服」作為在戰爭時期的標準服裝。

「國民服」（こくみんふく）的宗旨在於降低民眾對於衣服的物慾、節省布料作為戰爭的物資儲備，並透過集體的服裝穿著來產生民族的向心力，也因此同時達到「戰爭國防」、「節省布料」、「凝聚國家」，都是國民服的設計理念。

「國民服」一共有甲號、乙號兩型，並衍生出四種國民服樣式，整套的國民服包含上衣、中衣、袴的搭配，以卡其、軍綠的「國防色」為最大宗，但為了更普及於民眾，吳服店或洋服店都有販賣灰色或黑色的國民服，或整件衣服單一顏色的就行。

國民服的上衣類似夾克，乍看之下像「詰襟」（立領西裝），但金屬製成的鈕扣改為聚酯樹脂，加上四個可以裝小物品的口袋，袖扣也不再是裝飾用，改為可以拆開更適合勞動的設計；立領的部分則改良成類似軍服的立折領或翻領。而國民服內裡的衣服稱為「中衣」，是為了因應日本人穿著防止磨損和服的「襦絆」習慣，中衣的領口結合了和服的y字形交疊，在迎接戰爭的同時，也要體現出大和民族的精神。

國民服作為戰時制服的推動，雖然沒有強制性，但因為比西裝便宜、台灣不少服裝店都有進貨、宣傳，再加上它可以作為正式禮服穿著，在一些街景照仍可以看見它的身影。雖然目前研究普遍認為國民服在台普及性不高，但由於一九四三年後因戰時物資缺乏，日本帝國政府也將國民服的制式放寬，可以將原有的成衣改製成國民服，或是短袴配上綁腿的腳絆或長靴就可被稱為「國民服」。因此在日治晚期的街景照裡，時常看見台灣人穿著與國民服極為類似的上衣，或當外套穿著，內裡搭配原有的洋服，因此仍是將這個有趣的戰時風景列入介紹。

日治晚期時，洋服在台灣已經有了一定程度的普及，許多街頭小販都穿著簡便的白襯衫或類似T恤的半袖（短袖）洋服，也因此國民服「中衣」較少能在照片裡看見。

國民服的褲子沒有特殊的設計，搭配西褲、短褲、馬乘袴都可以，以戰時方便為主，但還是搭配西褲最多。而日治初期就逐漸在台灣流行的戴帽習慣，直到戰爭快來臨時還是沒有淡去，反而越來越普及，幾乎無論老少貧富，男子頭上幾乎都有一頂西帽。其中又以「巴拿馬帽」之類的草編帽最常見，不只適合台灣的天氣，也因為台灣盛產藺草，相較其他紳士帽、洋帽更加經濟實惠。

值得一提的是，扣除掉公家機關如學校典禮之類的合照，台灣中上階層的男子還是以穿著西裝最多，反而是市井小販常可看到國民服的搭配，並和同樣便宜、適合台灣濕熱天氣的木屐與國民服一同出現。

豪華情侶再見！逐漸縮減的服裝文化

一九三七年盧溝橋事變後，中日戰爭正式開打，不久日本便頒布了「國民精神總動員」，倡導民眾投入戰爭後方的支援。台灣菊元百貨的服裝櫥窗也陳列出各式國民服，後面懸掛了大大的「日之丸」旗。

隨著戰爭的延長，原先民間用的棉布被投入到軍需用品中，日常用品面臨短缺，台灣的政策越趨嚴格，布料也受到了限制。一九四〇年，台灣首度施行了奢侈品製造販賣的限制規定，其中就限制了婚禮禮服、大衣、西裝、洋裝等的價格上限。一九四四年台灣推動了「衣料切符」（服裝點數配給），大量的人造絲取代了原先的棉麻布料，布料困窘時甚至有民間團體上山剝樹皮織布、以麵粉袋製衣的景況出現。

由於西裝受到限制，作為替代品的國民服因為耐用、便宜的特性趁勢而起；軍服的線條與融合了和服的設計，統一成國民的「國民服」，更在其中潛移默化地強調戰爭來臨時的民族意識。日治中期多彩繽紛的穿衣風格，也在物資的缺乏與戰爭的砲火下，漸漸黯淡。

空襲前的最後青春

水手服的飄逸世代

雙馬尾

日治中晚期流行短髮，加上1939年「國民精神總動員」鼓勵女學生不留長髮，這類短雙馬尾變得更常見。

札幌襟

日本的水手服有四種常見的襟口：札幌襟、關東襟、關西襟和名古屋襟，日治時期的照片中，最常見的是札幌襟。

水手服

由英國海軍制服改良而來，日治中期時為了解決台灣衫與和服同時出現在校園，因而引入洋式水手服，1940年更成為全台統一的中等女學校制服。

校徽

由於頒布了全台統一的中等女學校制服，作為各校學生的區分，左胸口袋上會繡上校徽。

百褶裙

不論冬夏，下身都以百褶裙為制服，長短、打褶數目都由校規規定，直到太平洋戰爭開打才開始有褲裝的搭配。

西式鞋

大多搭配皮鞋，也有娃娃鞋等西式鞋類，搭上素色的長襪或短襪。

戰爭來臨前的女學校，裙裝制服的最後身影

雖然水手服被我們歸類在「日治晚期」的篇章，但其實水手服從一九二〇年代就出現在台灣了。在日治中期的同化政策下，台灣總督府推動「日台共學」計畫，為了解決穿著和服與台灣服一同出現在校園裡，導致服裝紊亂的現象，幾所女學校率先制定了統一的洋式制服，像是台北第二高女在一九二四年就訂定統一的水手服制服。

一九二三年，日本發生了關東大地震，再加上大正時期在日本興起的運動風氣，使日本政府認知到便於行動的洋服比起和服更加適合面對戰爭與天災。在這波改良風氣下，台灣也受到影響，到了一九三〇年代，台灣大多數的高等女學校都已改穿洋式制服，「水手服」（セーラー服）便是其中最常見的樣式之一。

隨著中日戰爭開打，布料成為軍需物資，制服布料開始往人造絲發展，一九三九年，為了防止學生自行裁製制服，或轉學時重新製作制服，消耗布料資源，總督府更進一步發布「學校生徒兒童服裝統制ニ關スル件」，統一制定了全台小公學校及中等學校的學生制服，這也是我們參考的「中等學校女子水手服」主要資料來源。

水手服原為十七世紀英國海軍的軍服，二十世紀時歐美將之改良成一件式的上衣，作為小學生的制服使用，當時崇尚西化的日本引進，在一九二〇年代時開始成為女學生的制服。

日本的水手服有四種常見的襟口：札

幌襟、關東襟、關西襟和名古屋襟，在日本最為常見的應該是「關東襟」，但日治時期台灣女子學校，不管是照片或是法規，台灣最常見的則是領口比較淺的「札幌襟」，再加上打成領帶型的領巾。除此之外，根據「台灣學事法規」規定，右胸的口袋必須別上各校的校徽，上衣下襬的正中央要縫上名字布條，作為辨識與戰爭動員預備。

水手服的女學生制服，下身通常是搭配百褶裙，在二十世紀上半葉，日本對女性穿著褲裝較不能接受，改為將裙襬打褶，增加活動空間更利於行動，最早由福岡女學院開始使用，之後其他所學校也紛紛效仿，成為現在最常見的水手服制服款式。而在日治時期，台灣女學生的制服也有詳細的服儀規定，打褶數目、裙長長度都有嚴格規定。到了太平洋戰爭開打，台灣進入空襲，才開始有長褲的搭配。

在髮型部分，由於日治時期的女學生並沒有髮禁，因此在髮型上頗多元，但仍有幾種較為流行。比如「編髮辮」，也就是編辮子，比較常見在中等學校。將頭髮結成長辮子或雙辮垂於背後，或是將頭髮剪短至齊耳，也被稱為「河童頭」（如今的「西瓜皮」），在公學校的女學生身上比較常見。到了日治中期以後，女學生流行將長髮剪短至齊肩或稍長，再紮成馬尾、兩束短辮或自然梳理等，加上一九三九年「國民精神總動員」鼓勵女學生節省資源、不留長髮，這類短雙馬尾變得更常見。

而腳上穿的鞋子，當時女學生常穿的鞋款是現在俗稱的「娃娃鞋」或是皮鞋，但一般及貧苦家庭的女學生幾乎都是赤足上學。直到戰爭後期因物資缺乏，才開始有一些木屐、布鞋出現。

戰爭前的最後青春，由裙換褲再到稀缺布料的世代

在《阮ê青春夢——日治時期的摩登新女性》（鄭麗玲，二〇一八）一書中，有一段訪問當年就讀台南第二高女阿嬤對於制服的印象，她們回憶道，當時的制服褶裙非常難整理，只要洗過後沒有熨燙，就會有非常難看的摺痕。

那沒有熨斗怎麼辦呢？「榻榻米！只要睡前把百褶裙的摺痕理順，鋪上一片紙板壓在榻榻米下，隔天早上就有摺痕整齊的裙子可穿了！」阿嬤們異口同聲的「推薦」榻榻米。

在一九四〇年代初，「戰爭」對中產階級以上的女孩們是假議題。生死存亡發生在遙遠的南方，平常的生活大多沒什麼差別——除了警察開始在街頭巡邏，把長衫上那充滿中式風情的盤扣剪掉；學校多了一門課，教導你怎麼穿著和服與製作浴衣。

隨著太平洋戰爭開打，台灣在一九四三年後也進入空襲時期，為了一邊上課一邊躲避隨時到來的空襲，下身改為搭配方便行動的燈籠褲（モンペ），到後來因為布料吃緊，制服形同虛設，只要適合行動的衣服就可以了。

充滿青春氣息的水手服，成了阿嬤們對戰爭前的最後回憶。

男子學校動員預備

綁腿卡其色的制服

角帽、戰鬥帽

學生帽原先是類似海軍的黑色「角帽」，在戰爭時期也出現了卡其色的角帽，或是類似軍帽的戰鬥帽。

立折襟

日治中期的學生服「詰襟」採用立領，而戰爭時期的制服改為以立領為原型變化的折領。

國民服

1939年制定了全台共通的中小學制服，改為以卡其色苧麻與人造絲混合織成，以國民服為原型的男子制服。

卷腳絆

保護小腿，壓住褲腳不讓其被障礙物纏住，並減緩腿部疲勞。這種繃帶式的卷腳絆在一戰後開始流行。

軍用鞋

相較於過往講求美觀的男性皮鞋，這時因應戰爭，開始轉為耐磨的綁帶鞋。

預備動員的男學生，國防色軍裝化的制服

在日本初來到台灣的一八九五到一九一〇年間，台灣的教育系統還沒有一個明確的制度，大都以普及日語與職業教育為主，學生也穿著原本習慣的服裝；如日籍學生仍是穿著和服上下學，台灣的學生則穿著長袍馬褂、大襟衫褲裙等，除了幾間學校如「台北第一中學校」、公費的師範學校在一九〇七年已有了全套西式制服，其他學校大多仍在混亂階段。

男學生的制服文化大概在一九一〇年代左右才漸漸建立，一開始以日本學生就讀的學校為主，像是「台北第一中學校」、「台南第一中學」，一九一五年成立的第一所台灣人的中學校——「台中中學校」，也採用了全套西式制服。之後如日本學生的「詰襟」學生服，也成為台灣男子學校常見的制服之一。

在中日戰爭開打後，隨著戰事逐漸吃緊，台灣也被動投入到這場動員全日本的戰爭中，開啟了「皇民化時期」。一九四一年日本發動珍珠港事變，太平洋戰爭正式開打，這樣的狀況越來越嚴重。為了避免各校的制服不統一，因轉學或升學時裁製新制服消耗戰爭中重要的布料資源，總督府在一九三九年頒布了「學校生徒兒童服裝統制ニ關スル件」，制定中小學統一的男女學生制服，過往「敝衣破帽」的詰襟學生服漸漸走入歷史。

一九三九年頒布的統一制服，大體上類似一九四〇年頒布的「国民服」，以適合戰爭動員的「國防色」為統一色調，也避免

多餘染料的消耗；上衣口袋相較於過往制服的「詰襟」來得更大，詰襟的立領改為適合熱帶氣候也接近軍服的「立折領」；為了讓棉麻布料盡量用於戰場上，學生制服轉而使用人造絲與苧麻；腳部要纏上將褲子包裹在內、結實硬布的「腳絆」，面對隨時可能到來的戰爭勞動；相較過往講究禮儀與美觀的皮鞋，此時搭配制服的皮鞋大多是類似軍用皮鞋的繫帶鞋類。

皇國民錬成，前線與銃後的男學生們

在中日戰爭時期，日本對台的皇民化運動大多是精神層面的，像是中小學唱愛國歌曲、朝拜神社、國語（日語）教育等等；然而到太平洋戰爭正式爆發，學生也成為被動員的一分子。像是種植布品的原料「苧麻」、蒐集廢金屬、將體操課轉為「錬成皇國民必須體能」的「體錬課」，都是當時學生會面對的新課程。除此之外，還有「學徒出陣」，也就是學生兵的招募。

國防色的制服因為與地面的顏色相近，因此適合躲避隨時可能到來的空襲，也是戰爭時期最保險的制服顏色；而戰爭時期特有的制服配件「腳絆」，則是透過硬布料纏緊小腿肌肉的過程，提升腿部的肌力與耐力。

在國防色的制服下，男孩們從原先受體制保護的學生，成為了被納入戰場資源計算的一分子。有人將這些過往作為笑談，制服成了青春回憶；而有人最後被送往戰線，再也出不了聲。

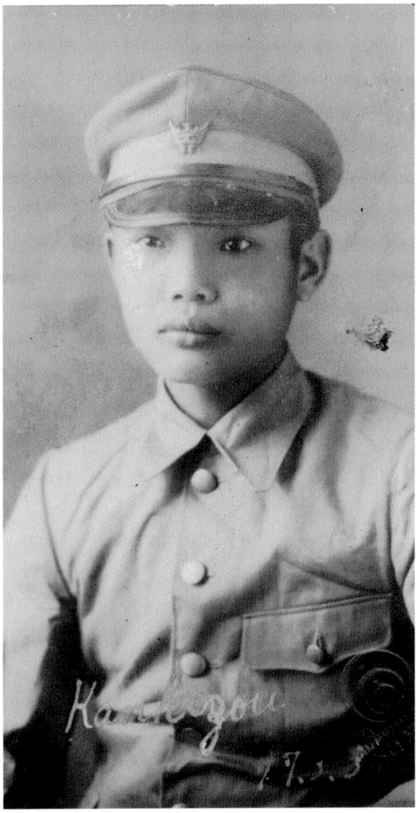

台南專修工業學校學生半身照。
（國立臺灣歷史博物館提供）

婦女團出動！

戰爭期間的婦人決戰服

斗笠

婦女標準服頭上還有「防空頭巾」的搭配，台灣婦女也會以遮陽方便的斗笠代替。

洋服

象徵日本精神的和服不便行動，台灣衫又與敵對的中國太接近，政府轉而折衷推動洋服作為戰時服裝。

救急袋

日軍通常身上會有兩個背帶，右肩背可放雜物與急救用品的雜物包，左肩背水壺，保甲婦女團也擔任戰時的救護工作，沿用此特徵。

水壺

戰爭時期婦女團也是被動員的對象，也因此軍用水壺也是婦人戰時服裝的配備。

燈籠褲

一開始是北海道婦女農作時的穿著，由於將上身的和服紮入褲中因此臀部刻意做得寬鬆，看起來圓鼓。

布製鞋類

皮革開始作為戰爭物資，民間的皮鞋也因此受到限制，因此鞋類多為布製鞋履、木屐，或赤腳。

象徵大和精神與勞動的燈籠褲，空襲時期的褲裝

皇民化運動開始之後，不只將男性納入戰爭動員的一分子，女性也被列為戰爭後勤支援的一部分，因此日本成立了不少「婦女會」、「婦人會」等女性為主的戰爭後援會，台灣也出現了「大日本婦人會台灣支部」、「保甲婦女團」等組織，希望能將女性的精神支持與勞動力投入到後勤之中。

為了節約戰爭時期的布料資源，日本政府也推動了像是「國民服」之類給男性民眾的戰時制服，而女性的戰時制服則被稱為「標準服」。由於日本普遍對於女性穿著褲裝較不能接受，也因此「婦人標準服」的設計，多以裙裝為主，又因為主要是針對身處東北亞的日本婦女設計，非常不適合亞熱帶地區的台灣，又需要重新裁製，因此在台灣普及率極低。為了因應此情況，在台灣的婦女團體轉而推動象徵大和精神與勞動的「モンペ」褲。

「モンペ」（也寫作「もんぺ」）台灣常翻譯為「燈籠褲」，一開始是北海道婦女農作時的穿著，因為會將上身的和服紮入褲中，以至於臀部刻意做得寬鬆，看起來圓鼓，才會形成「燈籠褲」的印象。

最初燈籠褲的穿著是一種精神象徵，除了婦女團體或女學校的運動服以外，平常較少有民眾穿著，年輕女性也大多仍以洋裝穿著為主，中老年女性則是穿她們習慣的台灣衫。直到一九四三年之後，隨著日本在戰線中漸轉劣勢，台灣也開始面臨到空襲的攻擊，此時出現了另一派聲音，主張服裝是為

了移動方便與面對戰事，必須要有更適合此時的「決戰服」。

也因此在此時台灣的「決戰服」，摒棄了前期以精神象徵為主的虛有其表規定，「決戰服到底是為誰穿的？不是為別人，應該是為保護自己吧！」（《台灣日日新報》），女性只要全面改換褲裝，就是「決戰服」。

「決戰服」的褲裝，不僅限燈籠褲，不管是西褲、本島褲（傳統漢人褲），只要是褲類都可算為「決戰服」。但大多都會將褲腳處繫起，便於移動；燈籠褲鼓腫的外表對於台灣女性而言仍然不太習慣，再加上原先就是來自於北海道婦女的勞動服，稍顯笨重與悶熱，因此台灣的燈籠褲通常是將西褲改制而成，褲管的蓬鬆處不如日人明顯。一九四〇年代的燈籠褲為了因應戰爭，大部分是黑色或是「國防色」（類似卡其色）。但在早期一些的宿舍照片中，則可看見花布或是色彩鮮豔的燈籠褲。

在穿著決戰服的褲類時，與日本內地不同，台灣女性的上身並不會搭配和服，因為和服需要重新裁製，反而更耗費布料；而本島的台灣衫則與敵對的中國太接近，雖然允許老一輩不習慣洋服的女性穿著，但也不鼓勵；唯一絕對禁止的是年輕女性流行的長衫（旗袍）。

在這社會氛圍下，決戰時期的台灣女性大多上衣是穿著簡易的洋服，下身搭配便於移動束起褲腳的褲子。像是一九四四年保甲婦女團在學校空地種菜時，就是這樣的穿著（見後頁圖）。

在空襲時期的服裝裡，決戰服還有必

須要配戴的「防空頭巾」，但除了少數如消防演習的照片以外，不管是婦女團體動員、街景照裡，台人穿著モンペ時通常是佩戴斗笠，除了台人將斗笠更容易與「勞動」連結在一起，防暑、好取得的特性，也讓斗笠比起防空頭巾來得更常見。

花花綠綠的燈籠褲，非常時期的戰爭時尚

燈籠褲引入台灣時曾掀起一陣論戰，一些婦女團體規定參與的台灣人必須要穿著燈籠褲，但許多日本的美容專家卻反對這樣的制度：

「本島婦人傳統以來就有類似男子長褲的服裝，將之改良就可達成推行モンペ的目的……如果想拿モンペ作為皇民練成之用，恐怕是有些勉強……モンペ根本談不上是日本精神的精髓，雖說是來自日本國內，也不過限於部分地區。」

然而，當美容專家向學生大讚本島褲的優點時，卻引來女同學們一笑置之。對於家庭經濟大多有一定水準，從小慣穿洋裝與西服的她們來說，台灣衫褲幾乎代表了窮人或農村婦女，因此要她們上穿上大襠褲，她們更寧願選擇有點臃腫的燈籠褲。

也因此在進入空襲時期之前，台灣的燈籠褲可以說是五花八門，完全沒有面臨戰爭的感覺。有用和服的高貴質料修改的花花綠綠燈籠褲，也有西式剪裁幾乎和西裝褲沒兩樣的燈籠褲，大家訂做完後還會合照一張，紀念這種非常時期的「戰爭時尚」。二戰末期台灣也開始遭到烽火波及，這種現象才逐漸消失，服裝變成便於

躲藏的國防色或灰黑色。

在這個時代裡，美麗開始變得艱難，國族認同的問題尚未解開，裝束就先受到束縛。幾乎所有人都指著你要你穿上某種衣物，你的身體，你的穿著，都屬於國家政策的一部分。

我們無法得知這種像是叛逆的苦中作樂，是屬於反抗國家意識的一環，或只是青春期少女的小稜角。但可以確定的是，在這樣的大時代裡，追尋自身的美麗，是少數可以握在手心的事了。

1944 年（昭和 19 年）嘉義警察署聯合保甲婦女團救護班勞務場動員紀念團體照，前排左 2 是張李德和女士。（嘉義市文化局／國家文化記憶庫）

要活著回來啊！

南方戰線中的台籍日本兵

略帽（便帽）

便帽，漢字寫作「略帽」，是一般士兵最常在照片裡出現的帽子。

帽章

便帽中央有一個星章，用來標示士兵與軍官的差異。

帽簾

南方戰線最必要的配件就是「帽簾」，作為炎熱天氣的防暑配件。

三十年式刺刀

軍刀是許多人對日本兵的印象，通常是以軍服上的劍衣扣固定住，但也可安裝在三八式步兵槍前頭。

八九式軍裝

南方戰線的士兵們穿著防暑衣或夏用襦袢。腋下有設計通氣孔，領口也轉為開襟式，更方便散熱。

三八式步兵槍

三八式步兵槍最大特徵就是它的長度，和零式戰鬥機一同普遍被視為日本軍隊的象徵。

軍用分趾膠鞋

屬於日本軍隊的特色，在大拇趾與食趾有特別分開，為了配合日本人穿木屐的習慣。

南方戰線的台灣特別「志願」兵

「從軍到南洋／打一場不知為何而戰的「聖戰」／在戰地／死亡是司空見慣／已無哀悼傷感／但我這一份生命／會忍住穿過戰火的悲劇／迎接和平與愛的光明時代」（陳千武《活著回來》）

台籍日本兵，一般是指太平洋戰爭後期（一九四二至一九四五年）日本政府招募和徵召服役的台灣人，一開始徵召的是非正規軍，甚至可以說是最低階的「軍屬、軍夫」，再來才是「特別志願兵」招募。一九四五年初後的全面徵兵制度則是以「志願兵」加入，所以也有「台灣特別志願兵」這個稱呼。

作家陳千武先生在一九四二年時被徵召為「台灣特別志願兵」，一九四三年九月被派往南洋，在自傳性小說《活著回來——日治時期，台灣特別志願兵的回憶》裡，他描述了戰爭的悲歌、慰安婦女遭受的悲劇，還有台灣人與琉球人在日本人歧視下，自我認同的掙扎。

不管是受到社會氛圍或是皇民化運動的影響，或是「不是出於自己意願的『志願』兵」，都使得許多台籍兵在戰爭結束後，面對到日本和台灣已分屬不同國家，甚至是敵對關係，產生了權益補償和歷史定位都萬分尷尬的問題。

太平洋戰爭開戰時，軍衣改用新式的九八式軍衣，此外，因為戰線往南方擴大，也開發出熱帶用的防暑衣。通常電影裡日本兵幾乎都是這個時期的軍裝。

便帽，漢字寫作「略帽」，是一般士兵最常在照片裡出現的帽子。另外老照片較常看到的還有一種戴在便帽上的「九〇式鐵帽」，是野戰時防暑與保護用，馬來亞戰線的士兵還會裝上偽裝網更方便在叢林中移動。另外，南方戰線最必要的配件就是「帽簾」，漢字寫作「垂布」，在昭和十三年時跟著所謂「防暑衣」一起設計出來的，是太平洋戰爭時南方戰線日本兵的特色之一。

便帽中央有一個星章，用來標示士兵與軍官的差異，軍官是鑲有金線的五角星，一般士兵則是夏山茶形狀。一般而言軍階的階級章，是鑲配在領口的開襟上，但大部分志願兵出征前的照片裡都尚未配上，因此本篇人物畫像中也保留此特徵。

在二次世界大戰開戰前，日軍穿著多為「昭五式軍衣」，特徵為位階職章在肩膀上，並且有類似詰襟的立領，領口還有不同的顏色劃分兵科，有些日本兵即使之後換裝也持續穿著這套軍裝。

台灣志願兵大多在太平洋戰爭後被徵召，此時的軍裝已經改制為「八九式軍裝」了。領口改成翻領，而南方戰線的士兵更是穿著防暑衣（軍官）或夏用襦絆（一般士兵）。腋下有設計通氣孔，領口也轉為開襟式，更方便散熱。

太平洋戰爭時的個人裝備包括：攜帶式帳篷（可作為斗篷使用）、九八式外套、背囊、水壺、雜物包、被甲囊（內裝防毒面具）、飯盒、刺刀、彈藥盒等等。

但行軍時未將全身裝備佩戴上的話，主要軍裝是雜物包（右肩背帶）、水壺（左肩背帶）、刺刀、彈藥盒這幾項。彈藥盒總計有三盒，前面兩盒將蓋子往前打開，可收納六個插彈子，共計三十發；而後盒則可收納十二個插彈子，共計六十發。

佩帶軍刀是許多人對日本兵的印象，一般而言軍刀是以軍服上的劍衣扣固定住，但刺刀也會時常安裝在三八式步兵槍前頭。三八式步槍全長一二七點六公分，再加上三十式單刃刺刀後，就可達一六六點三公分，這把槍最大特徵就是它的長度，和零式戰鬥機一同普遍被視為日本軍隊的象徵。

著軍服男子獨照，領口是有開襟的八九式軍裝。（著軍服男子獨照，國立臺灣歷史博物館提供）

腳絆又稱綁腿，在長時間行軍之後，能夠防止血流沉滯而引起的脹痛，在熱帶、亞熱帶地區的山地行軍中可能存在螞蝗等動物，綁腿能夠防止螞蝗進入士兵的褲腿管，通常軍官是使用「革腳絆」（皮革製）甚至是長靴，但一般士兵還是使用布腳絆居多。

軍用分趾膠鞋是屬於日本軍隊的特色，在大拇趾與食趾之間特別分開，據說是為了配合日本人穿木屐的習慣，通常會在入伍時發放一雙，但之後要更換則要價不菲。

我是誰，一生的命題

在《我啊！一個台灣人日本兵簡茂松的人生》一書中，用日本記者的視角，描述了一個如今生活在日本，曾經歷二戰的台籍日本兵的尷尬與痛苦。

簡茂松在一九二五年出生，七歲時就讀公學校，每天在校長指揮下升太陽旗、背誦歷代天皇名字，隨著皇民化運動的推行，年幼的他也相信成為好皇民是應該的。也因為這樣，十五歲時他改名為竹永茂松，並在兩年後考取了日軍台灣軍司令部的軍屬。

「作為軍國少年為天皇陛下出征是理所當然的事。」他當時曾經這麼說過。

一九四五年後日本成為戰敗國，美、英等同盟國開始追究日本的戰爭罪犯。他以戰犯被判了五年徒刑，然而，當二十六歲的竹永茂松服刑期滿被遣回日本後，赫然發覺他被排除日本國籍，也拿不回存在軍郵局一千五百日圓的存款。

然而此時，台灣正逢白色恐怖時期，家屬擔心他的安全勸阻他返鄉，原先以為只是短暫駐留的日本，最後竟停泊半世紀之久。

生在和平年代的我們，或許很難想像他們接受的是什麼樣的教育，也無法體會當時的社會氛圍，他們一出生就是日本人，接受日本教育，為日本貢獻最寶貴的青春與血汗，好不容易活著從戰場回來，卻突然變成了「打了八年抗戰的中國國民」。

如果說大時代的變動是歷史的悲劇，那如今追究起來，也無法說是誰的錯。

抽離時空的高貴情操

在這篇簡短的文章裡，礙於篇幅無法說明太多，若有餘力，可以閱讀周婉窈教授的〈日本在台軍事動員與台灣人的海外參戰經驗〉，裡面有更多台籍日本兵的認同與當時社會背景的描述；而許俊雅教授的〈記憶與認同——台灣小說的二戰經驗書寫〉，則摘錄了許多台灣小說描述戰爭的可怖經驗。

讀完這些資料，深感時代與戰爭對於我們這些未曾活過半世紀的人太過龐大，不知道該用什麼話來為這篇複雜哀愁的文章作結，就在這邊引述周婉窈教授在文末最後的話吧。

「……最後，人類社會的某些集體情操，是不是也有它抽離現實時空的抽象價值呢？台籍日本兵為他們因出生、因教育而認同的國家，盡忠盡力，至死無悔，我們在他們身上，不也能看出一些人類社群的高貴情操嗎？」

「誠如一位台籍日本兵告訴筆者，他希望他的子孫也能像他們效忠日本一樣，盡忠台灣。果如是，台灣幸甚！台灣幸甚！」

台灣幸甚！

參考資料

福爾摩沙長官

蕭瓊瑞《圖說台灣美術史2》、C.E.S. 揆一《被遺誤的台灣：荷鄭台江決戰始末記》、葉立誠《台灣服裝史》、李當岐《西方服裝史》、劉彼德〈17世紀荷蘭殖民統治下的台灣社會結構和特徵〉、揆一原著；甘為霖譯《荷蘭時代的福爾摩沙》

台灣男性漢人

蕭瓊瑞《圖說台灣美術史2》、葉立誠《台灣服裝史》、石文誠〈文化部國家文化資料庫——第二、三次荷蘭使節出使大清帝國〉、頡芳主人《Q版大明衣冠誌》、高春明《中國古代平民服裝》、湯錦台《大航海時代的台灣》、劉彼德〈17世紀荷蘭殖民統治下的台灣社會結構和特徵〉

歐洲女性

蕭瓊瑞《圖說台灣美術史2》、C.E.S. 揆一《被遺誤的台灣：荷鄭台江決戰始末記》、葉立誠《台灣服裝史》、李當岐《西方服裝史》、劉彼德〈17世紀荷蘭殖民統治下的台灣社會結構和特徵〉、莉蒂亞．愛德華《古典洋裝全圖解》

道明會傳教士

蕭瓊瑞《圖說台灣美術史2》、葉立誠《台灣服裝史》、李當岐《西方服裝史》、網頁：ORDO PRAEDICATORUM、郭弘斌編著《台灣人的台灣史》：〈西班牙人在北台灣的傳教〉〈台灣人海外網〉、中央研究院民族學研究所數位典藏〈平埔族群的歷史圖像〉

漢人女性

蕭瓊瑞《圖說台灣美術史2》、葉立誠《台灣服裝史》、石文誠〈文化部國家文化資料庫——第二、三次荷蘭使節出使大清帝國〉、頡芳主人《Q版大明衣冠誌》、沈從文《中國古代服飾研究》

延平郡王

國立臺灣博物館〈鄭成功畫像中國東南沿海資料收集計畫〉、〈鄭成功畫像修復成果展〉、《大明會典》、頡芳主人《Q版大明圖誌》、沈從文《中國古代服飾研究》、〈先王實錄〉、盧泰康《文化資產中的古物研究與鑑定：台南瑰寶大揭密》、鄧孔昭〈明鄭台灣建置考〉、春梅狐狸《圖解中國傳統服飾》

台灣行樂圖

國立臺灣博物館〈鄭成功畫像中國東南沿海資料收集計畫〉〈鄭成功行樂圖〉、〈先王實錄〉、〈大明會典〉、頡芳主人《Q版大明衣冠志》、沈從文《中國古代服飾研究》、春梅狐狸《圖解中國傳統服飾》、研之有物〈鄭成功如何被我們記憶〉

鐵人部隊

《從徵實錄》、〈《東印度旅遊見聞》圖：Die vestung Selandia auff Teowan〉、《經國雄略》、《明季南略》、《海上見聞錄》、陳大威《畫說中國歷代甲冑》、《大明會典》、頡芳主人《Q版大明圖誌》、沈從文《中國古代服飾研究》、

楊英〈先王實錄〉

鄭氏水軍

陳大威《畫說中國歷代甲冑》、周婉窈〈海洋之子鄭成功（台灣與海洋亞洲部落格）〉、黃一農〈明鄭家族與大航海時代的台灣〉、李新偉〈明鄭台灣軍屯研究〉、《平蕃得勝圖卷》

寧靖王妃妾

明代容像、沈從文《中國古代服飾研究》、葉立誠《台灣服裝史》、頡芳主人《Q版大明衣冠誌》、高春明《中國古代平民服裝》、春梅狐狸《圖解中國傳統服飾》

明鄭士人

國立臺灣博物館〈鄭成功畫像中國東南沿海資料收集計畫〉、〈鄭成功畫像修復成果展〉、頡芳主人《Q版大明衣冠志》、沈從文《中國古代服飾研究》、春梅狐狸《圖解中國傳統服飾》

清廷通事

中研院〈番社采風圖〉、高春明《中國古代平民服裝》、〈台灣記略〉（高雄市自然史教育館）、王金華〈中國傳統服飾：清代服裝〉

糖廠工人

中研院〈番社采風圖〉、高春明《中國古代平民服裝》、吳奇浩〈清代台灣漢人服飾消費與生產〉、吳奇浩〈清代台灣之奢靡風氣〉

士人社師

中研院〈番社采風圖〉、高春明《中國古代平民服裝》、高本莉《台灣早期民間服飾》、王金華〈中國傳統服飾：清代服裝〉、蔡蕙頻〈清治時期台灣鞋履文化之探究〉

台灣道官員

廖伯豪〈華服彰祿：從王得祿蟒袍談清代官員吉服〉、王金華〈中國傳統服飾：清代服裝〉

坐牛車的逛街婦女

吳奇浩〈清代台灣漢人服飾消費與生產〉、吳奇浩〈清代台灣之奢靡風氣〉、李建緯〈從外來影響到自有特色，談台灣傳統漢人金銀首飾工藝〉、王金華；周佳《圖說清代女子服飾》、國立臺灣歷史博物館．台灣女人〈雲鬢花顏金步搖：傳統漢人女性的髮飾〉、國立臺灣歷史博物館．台灣女人〈雲想衣裳花想容：披在傳統漢人女性肩上的「雲肩」〉

清朝酷炫台客風

吳奇浩〈清代台灣漢人服飾消費與生產〉、吳奇浩〈清代台灣之奢靡風氣〉、高春明《中國古代平民服裝》、蘇旭珺《台灣早期漢人傳統服飾》、中研院〈番社采風圖〉

閩籍婦女

高本莉《台灣早期服飾圖錄》、國立歷史博物館《台灣早期民間服飾》、國立歷史博物館典藏平台、陳佩婷〈台灣衫到洋服——台灣婦女洋裁的發展歷史〉、蘇旭珺《台灣早期漢人傳統服飾》

清朝文青你敢嘴？

林維朝秀才相片、智慧型全台詩知識庫、高春明《中國古代平民服裝》、國立歷史博物館《台灣早期民間服飾》、蘇旭珺《台灣早期漢人傳統服飾》

佃農剝削剝起來

蘇旭珺《台灣早期漢人傳統服飾》、高本莉《台灣早期民間服飾》、真理校史館．馬偕攝影照片

南部客家婦女

屏東縣政府客家事務局《藍衫一襲》、鄭惠美〈台灣客家服飾民間收藏調查研究報告書〉、國立歷史博物館《台灣早期服飾圖錄》、國立臺灣歷史博物館．台灣女人〈藍靛色彩的樸實與技藝：客家藍布衫〉、國立臺灣歷史博物館．台灣女人〈步步生蓮花：傳統客家女性的翹鞋與拖鞋〉

北部客家婦女

鄭惠美〈台灣客家服飾民間收藏調查研究報告書〉、鄭惠美〈台灣南北地區客家婦女大襟衫比較研究：以清末民初至光復初期之傳世實物分析為例〉、國立歷史博物館《台灣早期服飾圖錄》、國立臺灣歷史博物館．台灣女人〈步步生蓮花：傳統客家女性的翹鞋與拖鞋〉、國立臺灣歷史博物館．台灣女人〈梳理三千煩惱絲：傳統漢人女性的髮型——台灣女人〉

閩籍婦女的褲裝新潮流

蘇旭珺《台灣早期漢人傳統服飾》、高本莉《台灣早期民間服飾》、葉立誠《台灣服裝史》、國史館台灣文獻館，民俗文物小常識〈眉勒〉、片岡巖《台灣風俗誌》、周泓欣〈近代台北地區的婦女活動空間及其影響：以黃諧娘、莊斗娘、張聰明為例〉

清領童裝

蘇旭珺《台灣早期漢人傳統服飾》、高本莉《台灣早期民間服飾》、國立歷史博物館《台灣早期服飾圖錄》、國史館台灣文獻館，俞惠鈴〈千針萬線的童帽溫情〉、〈收涎、彌月、抓周，寶寶習俗大公開！（媽媽寶寶網／林茂賢教授受訪）〉

嫁衣

蘇旭珺《台灣早期漢人傳統服飾》、國立臺灣歷史博物館．台灣女人〈傳統漢人女性的結婚禮服〉、張維正〈接觸、殖民與文化容受：日治時期台灣漢人婚禮的變遷〉、內國勸業博覽會〈台灣著裝標本〉

清法戰爭西仔反

志祺七七《台灣竟然打贏過法國？一百多年前的「滬尾之役」發生了什麼事？》、李其霖〈清法戰爭滬尾之役調查研究計畫【第一期】成果報告書〉

日治初期地方鄉紳

張麗俊先生照片、吳奇浩〈喜新戀舊：從日記材料看日治前期台灣仕紳之服裝文化〉、吳奇浩〈洋服、和服、台灣服——日治時期台灣多元的服裝文化〉、高春明《中國古代平民服裝》、蘇旭珺《台灣早期漢人傳統服飾》

女學生服裝

吳奇浩〈洋服、和服、台灣服——日治時期台灣多元的服裝文化〉、彭威翔〈日治時期台灣學校制服之研究〉、池上良太《圖解日本裝束》、鄭麗玲《阮ê青春夢》、國立歷史博物館台灣女人

新時代男子

吳奇浩〈喜新戀舊：從日記材料看日治前期台灣仕紳之服裝文化〉、吳奇浩〈洋服、和服、台灣服——日治時期台灣多元的服裝文化〉、網頁：〈格蘭西服〉、新竹市文化局「黃旺成」

日治文官判任官

彭威翔〈日治時期台灣學校制服之研究〉、〈台灣總督府國語學校訓導及台灣公學校訓導服制〉

時髦的文明新娘

陳柔縉《囍事台灣》、張維正〈接觸、殖民與文化容受：日治時期台灣漢人婚禮的變遷〉、中央研究院台灣史研究所・台灣珍藏史料數位典藏及加值應用計畫〈百年偕老——從圖像資料看婚禮服飾的演變〉、吳奇浩〈洋服、和服、台灣服——日治時期台灣多元的服裝文化〉

漂丿的三件式西裝

吳奇浩〈喜新戀舊：從日記材料看日治前期台灣仕紳之服裝文化〉、吳奇浩〈洋服、和服、台灣服——日治時期台灣多元的服裝文化〉、吳云代〈殖民地台灣的服裝編制——日治時期身體展演下服飾的意涵〉、大正六年日本東京都吉安商店宣傳單、網頁：〈Suits-Master- スーツの豆知識～スーツの歴史　日本・各国〉、GINZA SAKAEYA ゼニアスーツ研究所〈日本の中のゼニアスーツの歴史〉、横浜植木株式会社〈男性が帽子なしで外を歩けなかったころ～明治日本のパナマ帽子の話〉

日治中期的女裝混搭

徐華龍《民國服裝史》、蔡睿恂〈袍而不旗？現代中國旗袍研究〉、國立歷史博物館・台灣女人、高春明《中國古代平民服裝》、國立歷史博物館《台灣早期民間服飾》、葉立誠《台灣服裝史》、吳奇浩〈洋服、和服、台灣服——日治時期台灣多元的服裝文化〉

知識分子們的文化接納

池上良太《圖解日本裝束》、吳奇浩〈喜新戀舊：從日記材料看日治前期台灣仕紳之服裝文化〉、吳奇浩〈洋服、和服、台灣服——日治時期台灣多元的服裝文化〉、吳云代〈殖民地台灣的服裝編制——日治時期身體展演下服飾的意涵〉、坂野德隆《從諷刺漫畫解讀日本統治下的台灣》

巧手改衣的時髦夫人

池上良太《圖解日本裝束》、吳奇浩〈洋服、和服、台灣服——日治時期台灣多元的服裝文化〉、李毓嵐〈一九二〇年代台中士紳蔡蓮舫的家庭生活〉、蘇旭珺《台灣早期漢人傳統服飾》、片岡巖《台灣風俗誌》

跑吧，高校生們！

彭威翔〈日治時期台灣學校制服之研究〉、藍博洲《日據時期台灣學生之運動》、鄭麗玲《躍動的青春：日治台灣的學生生活》、鄭麗玲《阮ê青春夢——日治時期的摩登新女性》

摩登的洋裝「烏貓」

吳云代〈殖民地台灣的服裝編制——日治時期身體展演下服飾的意涵〉、洪郁如〈旗袍・洋裝・モンペ（燈籠褲）：戰爭時期台灣女性的服裝〉、吳奇浩〈洋服、和服、台灣服——日治時期台灣多元的服裝文化〉、姚村雄〈日治時期美術設計中之「台灣女性圖像」研究〉、葉立誠《台灣服裝史》、李當岐《西方服裝史》

都會女子的新時尚

陳進〈婦女圖〉、洪郁如〈旗袍・洋裝・モンペ（燈籠褲）：戰爭時期台灣女性的服裝〉、明道學術論壇〈長衫的時尚觀察—日治晚期台灣女性的自主性意識展現〉、鄭麗玲《阮ê青春夢：日治時期的摩登新女性》、蔡睿恂〈袍而不旗？現代中國旗袍研究〉、呂紹理〈日治時期台灣機械鐘錶市場的發展（一八九五至一九四五）〉

又愛又恨的和服

吳奇浩〈洋服、和服、台灣服——日治時期台灣多元的服裝文化〉、洪郁如〈旗袍・洋裝・モンペ（燈籠褲）：戰爭時期台灣女性的服裝〉、吳云代〈殖民地台灣的服裝編制——日治時期身體展演下服飾的意涵〉、摩耶薰子《日本和服描繪完全攻略》、王佐榮《看見李火增》、網頁：〈むかしの装い-昭和十八年決戦下の髪型と銃後髷〉

戰時制服推動計畫

國立公文書館《被服協會國民服（男子用）手引》、洪郁如〈旗袍・洋裝・モンペ（燈籠褲）：戰爭時期台灣女性的服裝〉、吳云代〈殖民地台灣的服裝編制——日治時期身體展演下服飾的意涵〉、彭威翔〈日治時期台灣學校制服之研究〉、王佐榮《看見李火增》

空襲前的最後青春

洪郁如〈旗袍・洋裝・モンペ（燈籠褲）：戰爭時期台灣女性的服裝〉、彭威翔〈日治時期台灣學校制服之研究〉、國立台灣歷史博物館・台灣女人〈日治時期女學生的制服與髮型〉、網頁：〈むかしの装い-パーマネント自粛と昭和十四年の髪型〉

男子學校動員預備！

彭威翔〈日治時期台灣學校制服之研究〉、吳云代〈殖民地台灣的服裝編制——日治時期身體展演下服飾的意涵〉、国立公文書館《被服協會國民服（男子用）手引》、網頁：〈むかしの装い-戦争中の女学生の制服ともんぺ〉、〈戦時衣生活簡素化実施要綱〉

婦女團出動！

洪郁如〈旗袍・洋裝・モンペ（燈籠褲）：戰爭時期台灣女性的服裝〉、彭威翔〈日治時期台灣學校制服之研究〉、網頁：〈むかしの装い-パーマネント自粛と昭和十四年の髪型〉、國立台灣歷史博物館・台灣女人〈保甲婦女團〉、中央研究院台灣史研究所〈戰爭下的台灣婦女〉

要活著回來啊！

上田信《二戰軍裝繪畫技法＆資料集》、周婉窈《日本在台軍事動員與台灣人的海外參戰經驗》、陳千武《活著回來——日治時期，台灣特別志願兵的回憶》、簡茂松《我啊！一個台灣人日本兵簡茂松的人生》

圖解

福爾摩沙時尚圖鑑：大襟衫、馬面裙、三把頭、剪鉸眉、燈籠褲、瑪莉珍鞋……三百年的台灣潮服誌

2022年5月初版　　定價：新臺幣490元

2024年5月初版第二刷

著者	台灣服飾誌
繪者	阿毛子
叢書主編	李佳姍
校對	陳嫺若 陳佩伶
整體設計	Ivy Design

出版者	聯經出版事業股份有限公司
地址	新北市汐止區大同路一段369號1樓
叢書主編電話	(02)86925588轉5320
台北聯經書房	台北市新生南路三段94號
電話	(02)23620308
郵政劃撥帳戶第	0100559-3號
郵撥電話	(02)23620308
印刷者	文聯彩色製版印刷有限公司
總經銷	聯合發行股份有限公司
發行所	新北市新店區寶橋路235巷6弄6號2樓
電話	(02)29178022

副總編輯	陳逸華
總編輯	涂豐恩
總經理	陳芝宇
社長	羅國俊
發行人	林載爵

行政院新聞局出版事業登記證局版臺業字第0130號

本書如有缺頁，破損，倒裝請寄回台北聯經書房更換。　ISBN 978-957-08-6305-5 (平裝)

聯經網址：www.linkingbooks.com.tw

電子信箱：linking@udngroup.com

國家圖書館出版品預行編目資料

福爾摩沙時尚圖鑑：大襟衫、馬面裙、三把頭、剪鉸眉、燈籠褲、瑪莉珍鞋……三百年的台灣潮服誌/台灣服飾誌著．阿毛子繪．初版．新北市．聯經．2022年5月．240面．17×23公分（圖解）

ISBN 978-957-08-6305-5（平裝）

[2024年5月初版第二刷]

1.CST：服飾　2.CST：歷史　3.CST：台灣

538.1833　　111005843